重庆市成人教育丛书

桑榆尚学
美好人生

主 编　胡 彦　李志辉

副主编　刘利娜　王汉江

重庆大学出版社

图书在版编目（CIP）数据

桑榆尚学 美好人生/胡彦,李志辉主编. -- 重庆：
重庆大学出版社, 2024.9. -- (重庆市成人教育丛书).
ISBN 978-7-5689-4741-1

Ⅰ. G777

中国国家版本馆CIP数据核字第2024Y82T46号

桑榆尚学 美好人生
SANGYU SHANGXUE MEIHAO RENSHENG

主　编　胡　彦　李志辉

责任编辑：王晓蓉　　版式设计：王晓蓉
责任校对：刘志刚　　责任印制：赵　晟

....

重庆大学出版社出版发行
出版人：陈晓阳
社　址：重庆市沙坪坝区大学城西路21号
邮　编：401331
电　话：（023）88617190　88617185（中小学）
传　真：（023）88617186　88617166
网　址：http://www.cqup.com.cn
邮　箱：fxk@cqup.com.cn（营销中心）
全国新华书店经销
印刷：重庆永驰印务有限公司

....

开本：787mm×1092mm　1/16　印张：13　字数：226千
2024年9月第1版　　2024年9月第1次印刷
印数：1—1 500
ISBN 978-7-5689-4741-1　定价：65.00元

编委会

前言
FOREWORD

2024 年 1 月 17 日，国家统计局发布的数据显示，2023 年末全国 60 岁及以上人口高达 2 9 697 万人，占全国人口的 21.1%，其中 65 岁及以上人口达 21 676 万人，占全国人口的 15.4%。按照联合国标准，这意味着我国已经正式进入"老龄社会"。随着老龄社会的到来，老年教育成为应对人口老龄化国家战略的重要组成部分，党中央和国家一系列重要文件都将老年教育放在十分重要的地位。老年教育已成为一种重要的、特殊的、不可替代的教育类型，与普通教育、职业教育、成长教育和继续教育一起共同构成了现代国民教育和终身教育的体系。

"莫道桑榆晚，为霞尚满天。"这句诗出自唐代文学巨匠刘禹锡的《酬乐天咏老见示》，其意蕴深远：日落时，光照桑榆树端已近傍晚，它的余晖依然绚烂满天，映红云霞。老龄化社会的来临，在我国已逐渐成为现实。随着岁月流转，老年人如何快乐地学习、从容地生活，保持身心健康，优雅地老去、维持晚年生活的品质，从"居家养老"转向"学习享老"，是本书编写组关注的问题。

如何在手机上找到最佳出行路线？如何预防金融诈骗、网络诈骗？面点烘焙、家居插花有哪些技巧？本书编写组立足于老年人居家养老的学习需求，追求高品质生活的美好愿望，结合老年人的学习习惯，编写了这本《桑榆尚学 美好人生》。

本书围绕"老有所安、老有所依、老有所学、老有所乐、老有所为"5 个维度，介绍了包括生命认知、礼仪形象、科学健身、医卫护理、数字生活、手工创意、茶叶品鉴、美食美点、预防诈骗、家居花艺这 10 个方面的常用知识和操作技巧。

本书图文并茂、内容丰富、贴近生活、时代感强，涉及领域广，可读性强，很适合老年人居家阅读学习，可作为老年大学、社区学院、老年学习中心等地的教学用书，也可以作为职业院校老年人服务与管理、智慧健康养老服务与管理等专业的教材。

限于编者的知识结构和老年教育实践经验，书中不足之处在所难免，恳请各位读者见谅并多提意见。

编　者

2024 年 6 月

目录
CONTENTS

❋ **项目三 科学健身·适量运动精神棒**

❋ **项目四 医卫护理·健康养生有妙招**

❋ **项目五 数字生活·用好手机多便利**

项目一

生命认知·品质晚年面面观

为贯彻落实党的二十大精神，深入学习践行习近平总书记关于教育及老龄事业系列重要讲话精神，进一步加快老年教育事业发展，明确老年教育是为老年人继续学习而开展的教育活动，是我国教育事业和老龄事业的组成部分。开展老年教育的主要意义是有利于实现老年人的继续社会化，使老年人能够更顺利地适应退休生活和新的社会角色；有利于老年人增长文化知识、掌握新的技术技能，能够发挥余热；有利于老年人丰富晚年生活，使人生过得更加充实和有意义；有利于老年人提高修养、增强素质，助推精神文明建设，构建学习型社会。

本项目主要聚焦于引领老年人正确看待老年、老年生活、老龄化社会及国家为积极应对人口老龄化所做的努力，以及老年人应该如何规划自己的老年生活等。

相关链接

夕阳无限好，人间重晚晴。第七次全国人口普查数据显示，我国60岁及以上人口已达2.64亿。预计"十四五"时期这一数字将突破3亿，我国从轻度老龄化进入中度老龄化阶段。千家万户的关切，是"家事"，也是"国事"。我国秉持"人民至上、生命至上"理念，践行积极应对人口老龄化的"中国方案"，走出一条及时、科学、综合应对人口老龄化的中国道路，让亿万老年人有一个幸福美满的晚年！

2021年，《中共中央 国务院关于加强新时代老龄工作的意见》发布，聚焦新时代、聚焦老龄工作、聚焦老年人的急难愁盼问题，将满足老年人需求和解决人口老龄化问题相结合，从五大方面提出要求，以提升广大老年人的获得感、幸福感、安全感。

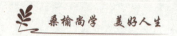
第一单元 老有所安

一、积极看待老年

老年人对老年和老年生活的看法多种多样，取决于个人的生活经历、健康状况、经济状况、家庭关系以及社会环境等因素。他们可能会感到焦虑、沮丧或无助，因为面临着身体老化、亲人离世、退休、经济压力等挑战。但老年人应该对老年生活持积极态度，享受退休后的自由时间，追求个人兴趣和爱好，与家人共享天伦之乐。

1. 接受现实，积极面对

许多老年人意识到老年是生命自然的阶段，选择接受现实并积极面对生活中的挑战；积极调整自己的生活方式和期望，以适应身体和认知能力的变化。

2. 保持健康，关注养生

健康是老年人关注的重点之一。老年人需要更加注重饮食、运动和休息，以保持身体健康和精神状态良好；同时，也要积极关注自己的心理健康，通过冥想、阅读、社交等方式来保持积极的心态。

3. 追求兴趣，发展爱好

退休后，许多老年人有更多的时间来追求个人兴趣和爱好，参加各种社团活动、学习新技能、旅行等，以丰富自己的生活体验并拓宽视野。

4. 珍惜家庭，注重亲情

家庭是老年人重要的精神寄托之一。老年人要更加珍惜与家人的相处时光，积极参与家庭活动，与子女和孙辈建立深厚的感情联系。

5. 关心社会，了解时事

许多老年人仍然关注社会和时事，通过电视、报纸、网络等渠道了解国内外新闻和动态，积极参与社会公益活动，为社会做出贡献。

二、践行积极老龄观

随着人口结构的变迁，老龄化已成为全球普遍关注的议题。截至2022年底，我国60岁及以上人口占全国总人口的19.8%，其中65岁及以上人口占全国总人口的14.9%，已接近中度老龄化阶段。根据国家卫生健康委员会测算，预计到2035

年左右，我国 60 岁及以上老年人口将突破 4 亿，在总人口中的占比将超过 30%，进入重度老龄化阶段。践行积极老龄观、健康老龄化，既是一种新理念，也是一种新行动。我们要以更加积极的态度、更加积极的政策和更加积极的行动，推动新时代养老服务业高质量发展。

1. 要更加强调老年人独立

明确老年人独立的特殊重要性，这里的"独立"强调的是老年人财务、居住、行为、思想等诸多方面的独立。老年人能够做的事要尽可能独立去做，自己做不了的事，国家和社会给予必要的支持。我国在推动新时代养老服务高质量发展进程中，把独立理念有机融入养老服务政策、制度和实践全过程中，充分发挥老年人的主观能动性，最大限度激发老年人内在的活力和潜力，避免过度依赖和过度照顾。

2. 要更加强调老年人参与

积极老龄观、健康老龄化理念最核心的内容是参与。积极老龄观认为，老年人是社会发展进步的动力和财富。研究与实践表明，60~69 岁的低龄老人，思维能力保持在普通人智力高峰期的 80%~90%，部分人智力和创新力甚至会进入一个新的高峰期。虽然我国"十四五"时期将进入中度老龄化阶段，但仍然是以低龄化为主的老龄化，低龄老年人占老年人总数的 55% 以上，老年人社会参与的潜力更加广阔。

3. 要更加强调老年人教育

新时代老年人离不开终身学习，老年教育在养老中的地位和作用将越来越大。推动新时代养老服务业高质量发展，一方面，要把老年教育列为重要内容，适应新时代老年人的新需求，着力推动老年教育功能由娱乐型向赋能型转变，重点在开发老年人潜能方面下功夫，增加就业创业、社会参与、社会管理、社会服务等内容；另一方面，要推动老年教育有机融入养老服务的各个环节中，养老服务不只是被动的照顾服务，而是更多着眼于老年人的继续成长和再社会化，真正实现教养结合、学养结合。

• 小贴士 •

为积极应对我国人口老龄化现状，让亿万老年人过上幸福生活，满足老年人多元化、多层次需求是孝亲敬老、爱老助老的"国之大者"应有之义。近年来，国家相关部门牢固树立以人民为中心的发展思想，聚焦老年群体急难愁盼问题，健全完善政策措施，打造全链条守护夕阳的政策体系，织密助老服务网络，倾力保障老年人老有所养、老有所医、老有所学、老有所乐、老有所为，让全体老年人共享改革发展成果、安享幸福晚年。

第二单元　老有所依

传统养老，大部分是与儿女一起生活的居家养老，在一起生活可能会出现生活习惯、金钱观念的一些差异，有时会出现一些家庭矛盾；但是如果独居又存在一些安全隐患，老年人也会感到孤独。其实，传统的养儿防老时代已经过去了。为了让老年生活有尊严、幸福快乐，有很多养老方式可以选择，做到真正的"老有所依"。

1. 老年公寓

老年公寓可以让很多老年人生活在一起，就像家庭公寓一样，有餐饮、有清洁卫生、有文化娱乐、有医疗保健等服务。老年公寓既可以让老年人感受居家养老的幸福，又能享受到社会提供的各种服务。喜欢热闹、喜欢娱乐活动又需要医疗服务的老年人可以选择这样的方式养老。

2. 日托养老

日托养老就像幼儿园一样，早晚接送。子女白天上班时，可以将老年人送去日托所，让人白天照顾老年人的衣食住行，还有各种棋牌娱乐，丰富老年人的生活。晚上老年人可以回家与子女一起相聚，享受天伦之乐。一些半自理、家中没人照顾、又特别恋家的老年人就很适合日托养老。

3. 旅游养老

在不能适应居住地气候时，老年人可以去温暖或者凉快的地方生活。一些老年人退休后身体状况比较好，经济条件也较好，乐意趁腿脚灵便时好好游览祖国的大好河山，就很适合旅游养老。

4. 居家老年人配餐中心

居家老年人配餐中心是专门为老年人配置营养餐的服务中心，会根据老年人的身体状况为其提供特定的用餐服务，每天会按时把老年人的营养餐送上门。如果老年人不喜欢去养老机构，但又不能自己做饭、做家务，更不想请保姆，这时可以选择老年人配餐中心。每天到了用餐时间，配餐中心就将营养餐送上门给老年人，家人也不用担心老年人在做饭时发生意外。

现在，多种多样的养老模式打破了传统的观念，让老年人可以根据自己的身体情况、家庭观念，选择适合自己的养老模式，能够更好地获得生活起居、康复训练、医疗保健、娱乐文化等多种服务。让老年人对老年生活有信心，让他们不孤独，有尊严，更幸福。

小 贴 士

近年来，我国一些地方出现了农村社会互助养老新模式。"村级主办"就是由村委会利用集体资金、闲置房产或租用农户闲置房产设施，村集体量力而行地承担水、电、暖等日常运转费用。"互助服务"就是由子女申请、老年人自愿入住，衣、食、医由本人和子女保障。院内老年人年轻的照顾年老的，身体好的照顾身体弱的，互相帮助、互相服务，共同生活。"群众参与"就是由村集体组织并动员村民、社会力量、志愿者，特别是外出经商的成功人士回报乡亲，为互助幸福院提供经济支持或服务。"政府支持"就是由各级政府从政策、基础设施建设、资金、管理培训等方面给予支持、指导。

第三单元　老有所学

当前，老龄社会正加速到来。老龄群体规模不断扩大，对社会提出了更高的要求。积极应对人口老龄化，在保障老年人的基本物质生活之余，也要不断满足老年人多样化、多层次、多方面的精神文化需求。重教尚学是中华民族的优良传统。习近平总书记提出，要建设全民终身学习的学习型社会、学习型大国，促进人人皆学、处处能学、时时可学。让更多老年人"活到老学到老"，实现老有所学，是满足老年人日益增长的精神文化需求的重要途径，是积极应对人口老龄化的重要举措，也是建设学习型社会的重要内容。

一、活到老学到老，重视老有所学

1. 终身学习助力适应社会变革

随着科技的飞速发展和社会的不断变革，老年人需要不断学习新知识和新技能以适应这个变化的世界。终身学习可以帮助老年人增强对新事物的理解和应对能力，提高老年人在社会中的自信心和竞争力，让老年人更好地融入社会，拥抱变革。

2. 终身学习延缓身体衰老

终身学习可以让老年人保持积极的生活态度，增强自我管理能力，也可以促进老年人运动和锻炼，从而更好地保持身体健康，有利于延缓身体衰老。同时还能预防认知衰退。老年人通过学习可以刺激大脑活动，提高认知能力，增加脑细胞的连接和交流。这有助于预防认知衰退、老年痴呆等与年龄相关的疾病。

3. 终身学习促进身心健康

终身学习不仅仅是传授知识，更是一种积极的生活态度。通过参与各种学习活动，老年人可以锻炼大脑、保持思维活跃。学习新知识和新技能有助于预防认知衰退，延缓老年痴呆等与年龄相关的疾病的发展。同时，与其他学习者互动交流也能够促进社交活动，减少孤独感，提升生活质量。

4. 终身学习丰富精神世界

退休后往往面临着更多的空闲时间，而终身学习为老年人提供了一个丰富多彩的精神世界。通过阅读、写作、绘画、音乐等艺术形式的学习，老年人可以拓宽自己的视野，培养自己的兴趣爱好。这不仅能够满足老年人对艺术的追求，还能够增加人生的乐趣和内涵。

二、发展老年教育，实现老有所学

1. 社区教育

社区教育是老年教育的重要组成部分。许多社区设有学习中心或老年教育机构，提供各种课程和培训活动。老年人可以在社区教育中心参加兴趣班、手工艺课程、健身活动等，满足他们的学习需求和社交需求。

2. 在线学习平台

随着互联网和智能设备的普及，越来越多的老年人开始尝试线上学习。通过在线课程、视频教程、社交媒体等平台，可以随时随地学习新知识，与其他学习者交流心得。线上学习具有方便、灵活、资源丰富的特点。

3. 自学与阅读

许多老年人选择通过自学来实现老有所学。可以购买书籍、订阅杂志、参加读书会等，通过个人努力不断拓宽知识面，提高自我修养。

4. 兴趣小组或俱乐部

老年人可以根据自己的兴趣爱好加入各种兴趣小组或俱乐部，如书法、绘画、摄影、园艺、舞蹈。这些小组或俱乐部定期组织活动，为老年人提供交流学习的平台。

5. 志愿者服务与培训

通过参与志愿者服务，老年人不仅可以为社会做出贡献，还可以在服务过程中学习新技能、新知识。一些志愿组织还会为志愿者提供专门的培训，帮助他们更好地完成任务。

6. 代际学习

代际学习是老年人与年轻人共同参与的学习形式，如青少年与老年人共读的读书会、共同参与的手工艺制作。这种学习方式不仅能够增进老年人与年轻人之间的交流和理解，还能让老年人在传授经验和知识的过程中感受到自我价值。

小 贴 士

国家开放大学终身教育平台已经上线，面向社会大众开放共享，用手机下载 App，即可观看。

目前，该平台已上线 63 万个课程资源，其中包括爱奇艺、网易云课堂、央视频等第三方平台的 57 万个课程资源，自有版权音视频课程 6 万个，面向 3 351 所院校和教育机构征集的 7 705 门课程（包含 79 993 个音、视频）。

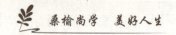

第四单元 老有所乐

晚年生活，是一段岁月静好的时光，也是一段充满智慧和收获的岁月。在这个阶段，老年人可以尽情地享受生活，追求内心的平静和满足。老有所乐，不仅是一种态度，更是一种生活方式，让我们一起探索晚年生活的美好之处，一起找到幸福快乐生活的密码。

一、老年生活态度

1. 积极乐观

积极乐观是一种重要的生活态度，尤其在老年阶段更显重要。面对生活中的挑战和困难时，保持乐观的态度能够帮助老年人更好地应对，增强内心的抵抗力，并且享受生活的美好。

2. 感恩与满足

感恩是一种高尚的品质，也是老年生活中应该具备的态度之一。老年人应该学会感恩身边的人和事，珍惜所拥有的一切，并且满足于已经拥有的一切。这样的心态能够让老年人更加平静和满足。

3. 适应和包容

老年人面对的社会环境和身体状况可能会发生很大的变化，因此适应和包容是一种重要的生活态度。老年人应该学会适应生活的变化，包容他人的不足和缺点，保持一颗宽容的心态。

4. 活在当下

活在当下是一种重要的生活态度，尤其在老年阶段更应该被重视。老年人应该学会珍惜每一个当下，享受眼前的美好，不要过分忧虑未来，也不要沉湎于过去的遗憾之中。

5. 保持好奇心

保持好奇心是一种年轻的态度，在老年人中同样具有重要意义。老年人应该保持对生活的好奇心，不断地学习和探索新的事物，这样能够保持心灵的活力和年轻的状态。

6. 独立和自主

尽管老年人可能会面临身体上的限制，但依然应该保持独立和自主的态度。老年人应该学会自己照顾自己，依然保持一定的生活自理能力，这样能够增强自己的自尊心和自信心。

二、老年生活方式

1. 健康生活

保持健康的生活方式是老年人生活的重要组成部分。这包括定期锻炼身体，选择适当的运动方式，如散步、游泳、瑜伽，以增强身体素质和延缓衰老。均衡饮食也是至关重要的。老年人应该注意摄入充足的营养，少食多餐，多吃蔬菜水果、全谷类和健康蛋白质，限制高糖高脂食物的摄入。

2. 社交活动

保持与家人和朋友的密切联系是老年人生活的重要内容。参加社区活动、俱乐部活动、志愿服务等社交活动可以拓宽老年人的社交圈子，提升生活质量，并有助于防止其感到孤独和抑郁。

3. 兴趣爱好

老年人可以通过追求自己的兴趣爱好来丰富生活。无论是绘画、书法、摄影、园艺还是旅行、学习新技能，都是老年人可以尝试的活动，能够给生活增添乐趣和意义。

4. 学习和探索

老年人应该保持对知识和经验的渴望，不断学习和探索。参加课程、读书学习、观看纪录片等都是老年人可以选择的学习方式，可以帮助他们保持大脑活跃，延缓认知衰退。

5. 放松和享受

老年人也应该学会放松身心、享受生活。适当的休息和放松可以缓解压力和焦虑，保持心情愉快。可以尝试冥想、瑜伽、阅读等放松方式，让自己更加平静和满足。

6. 自我关爱

老年人也需要关注自己的身心健康，学会照顾自己。定期体检、按时服药、

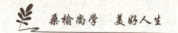
保持良好的睡眠习惯都是老年人应该重视的生活方式。

　　老年人运动要循序渐进。健身运动初期的运动负荷和运动量要小，适应后再逐步增加。运动后感到轻松舒畅，食欲、睡眠良好，这说明运动负荷和运动量合适。锻炼的动作应遵循"由易到难、由简到繁、由慢到快"的原则，锻炼的时间应逐渐增加。老年人运动时，可用运动后即刻脉搏变化和恢复时间来控制运动量，适宜的运动量可用"170 – 年龄"这个公式来掌握。例如60岁的人运动后即刻脉搏达到110次／分钟，5~10分钟脉搏恢复到安静时水平较为适宜。

第五单元　老有所为

　　老有所为，让老年人在晚年仍能发挥作用，为社会奉献智慧和经验。无论是传承文化、支持家庭，还是参与志愿活动，老年人都能为社会贡献力量。这不仅是对自己人生的延续，更是对社会的贡献，让老年人的晚年生活更加充实、有意义。

1. 志愿服务

　　老年人可以积极参与社区组织举办的志愿服务活动，为社区居民提供帮助和支持。他们可以参与老年人关爱活动，为孤寡老人提供陪伴和关怀；也可以参与环境保护活动，为清洁环境和保护自然资源出一份力。通过志愿服务，老年人可以发挥自己的社会责任感，促进社会和谐与进步。

2. 技术指导

　　利用自己的专业知识和经验，担任技术顾问或导师，为年轻人提供技术指导和培训。他们可以参与学校、社区或企业的技术培训项目，担任讲师或辅导员，传授自己的行业经验和技能。同时，老年人还可以参与行业协会或社团的活动，担任顾问或评审委员，为行业发展提供意见和建议。通过技术指导和传授经验，老年人可以继续发挥自己的作用，为社会培养更多的人才，推动行业的进步和发展。

3. 文化传承

参与传统文化传承活动，如书法、绘画、传统手工艺等，保护和传承民族文化。老年人可以利用自己丰富的文化知识和技能，参与文化传承组织或团体的活动，传授传统技艺和艺术表达方式。组织或团体可以组织书法、绘画、剪纸等传统文化课程，邀请年轻人和社区居民参与学习和体验。通过文化传承，老年人可以传承民族文化的精髓，弘扬传统文化，为社会传承和发展传统文化做出贡献。

4. 兴趣爱好

继续坚持自己的兴趣爱好，如园艺、摄影、旅行，让晚年生活更加丰富多彩。老年人可以积极参加兴趣爱好团体或俱乐部，与志同道合的人一起分享和交流。他们可以利用业余时间开展园艺活动，打理自己的花园或种植植物，享受大自然的美好。他们也可以利用摄影器材记录生活的美好瞬间，参加摄影展览或分享会。此外，老年人还可以通过旅行和探索，丰富自己的阅历和体验，增加生活的乐趣和意义。通过培养兴趣爱好，老年人可以保持活力和热情，享受丰富多彩的晚年生活。

5. 教育和学习

参与老年人教育和学习项目，学习新知识和新技能，提高自己的综合素质和竞争力。老年人可以积极参加社区或机构组织的老年人学习班、讲座或培训项目，学习与兴趣相关的知识，如健康养生、心理健康、金融理财。老年人也可以参加继续教育课程，提升自己的职业技能或学历水平，增加就业机会和竞争力。通过教育和学习，老年人可以不断丰富自己的知识和技能，保持学习的热情和活力，为晚年生活增添更多的乐趣和意义。

6. 家庭支持

在家庭中发挥更多的作用，如照顾孙辈、家务劳动，为家庭和亲人提供更多的支持和关爱。老年人可以积极参与家庭生活，帮助照顾年幼的孙辈，陪伴他们成长，传承家庭的价值观和文化传统。老年人也可以分担家庭的家务劳动，如做饭、打扫卫生，减轻子女的负担，营造幸福和谐的家庭氛围。通过家庭支持，老年人可以深化与家人的感情联系，强化家庭凝聚力，为家庭和亲人带来更多的幸福和温暖。

· 小贴士 ·

老年大学是老年人的一座学习殿堂，为他们提供了继续学习的平台，让他们能够终身学习、不断进步，保持年轻的心态和活力。通过参加各种丰富多彩的课程，老年人可以拓宽视野、丰富知识，增强自信心，保持积极向上的生活态度。老年大学的课程设置十分多样，涵盖了书法、摄影、声乐、舞蹈、绘画、手工、文学、智能机应用等诸多领域，老年人可以根据自己的兴趣和需求自由选择。每年3月和9月开学，学费一般在200~400元，费用相对较低，适合大多数老年人的经济承受能力。老年人可以在居住地所在的老年大学现场报名，也可以选择线上报名，便捷灵活。

走进生活

民以食为天，助餐服务是老年人最关心最现实的民生需求。重庆市认真落实、积极应对人口老龄化国家战略，结合推进基本养老服务体系建设，大力发展老年助餐服务，用一餐饭的温度，让老年人暖胃更暖心。截至2023年8月，全市建成老年食堂等助餐点1 556个，每年惠及老年人近300万人次。

老年助餐服务是为了满足老年人的饮食需求和生活需求而提供的服务。它不仅仅是提供营养餐食，还包括送餐服务，方便行动不便的老年人。此外，它也是一个社交平台，通过组织各种社交活动，促进老年人之间的交流和互动，降低孤独感。一些服务机构还提供医疗护理，如健康检查和药物管理，以确保老年人的身体健康。最重要的是，老年助餐服务不仅提供食物，更为老年人提供关怀和支持，旨在帮助他们保持健康、快乐和独立的心态，提升他们的生活质量。

项目二

礼仪形象·文明互敬好风采

　　礼是表示敬意的通称，它是人们在社会生活中处理人际关系并约束自己行为以示他人的准则。礼的形象，是每个人立身处世之本，更是影响幸福感受与社会交往的关键。礼仪，于细微之处彰显尊重与温暖。老年人学习礼仪、展现礼仪形象，是通往健康、和谐与幸福的必由之路。

　　本项目旨在通过讲述仪态、仪容、仪表、言谈和举止等方面的礼仪知识，助力老年人增强礼仪意识，掌握塑造美好形象的技巧，让老年人在日常生活中展现优雅气质，彰显礼仪风范，提升生活的幸福感。

 相关链接

　　在小镇一隅，张伯白发苍苍却衣着整洁，举止间尽显礼仪风范。每日清晨，他漫步公园，遇人微笑招呼，声音温和而有力，彰显尊重与亲切。一次，一小童不慎撞他，张伯未怒，只轻声提醒，轻拍其肩以示鼓励。此事传颂小镇，张伯被誉为礼仪典范。其言传身教，使小镇和谐温暖，成为众人学习之楷模。

第一单元　姿态正确提精神

身体姿态是展现精神与气质的直观窗口。挺拔的站姿、端庄的坐姿与从容的走姿，皆显挺拔舒展、庄重大方，焕发活力与积极风貌。老年人保持正确姿态能留给他人自信积极的印象，也是维护身体健康的有效途径。

　　　　身姿挺拔展精神，优雅端庄气象新。

　　　　站如松柏迎风立，坐似莲花静水沉。

　　　　步履稳健如飞燕，神采飞扬似仙人。

　　　　姿态正确心自定，身康体健福满门。

一、挺拔的站姿

1. 正确站姿的要领

头正颈直、下颌微向后收、双目平视、面带笑容；双肩展开下沉、双手自然下垂或相握放在小腹前、挺胸收腹、立腰提臀。

站立时，将重心上提，双腿保持直立状态。女性膝盖内侧并拢，脚后跟靠拢，脚尖呈30°"V"形分开；男性双脚分开成小"八"字状，距离不超过肩宽，以维持挺拔、端正且竖直的整体美感。

2. 站姿的训练

经常深呼吸使身体重心上提，有助于身姿挺拔；双肩后绕使脖颈和胸部舒展，有助于挺胸沉肩；经常进行腰部锻炼，可增强腰椎及肌肉对身体的支撑力度，保持身体竖直。

二、端庄的坐姿

1. 正确坐姿的要领

从椅子左侧走近，距离椅前半步停下。右脚后移以调整重心，同时小腿轻贴椅边，随后稳坐。女性着裙装时，先整理裙摆再入座。坐下后，上半身保持挺直，臀部坐椅子的 2/3 处，女性双膝并拢；男性膝部适度分开，双手可置于腿上或扶手上。

保持正确的坐姿不仅显得端庄得体，还有助于保持良好的身体姿势，减轻脊椎压力。

2. 不良坐姿

（1）东倒西歪、前俯后仰或坐姿摇晃。这些坐姿显得不够稳重，长期下来可能引发疼痛或疲劳。

（2）将手放在两腿中间。这种姿势不仅显得拘谨，还可能限制呼吸和血液循环，对身体造成不必要的压力。

（3）腿伸得过远。这种坐姿占用过多空间，可能影响周围人的舒适度。同时，也可能加剧腰部的压力，导致不适。

（4）跷二郎腿或交叉腿。虽然短时间内可能感觉舒适，但长期下来会导致脊椎扭曲、肌肉紧张，甚至影响骨盆和生殖系统的健康。

三、从容的走姿

1. 正确走姿的要领

保持身体端正，目光平视前方，表情自然轻松，下颌微微收敛。双肩放松下沉，重心稳定并稍上提。双臂摆动自然，手指轻微弯曲。膝盖保持向前，避免偏移。行走时步伐轻盈，脚尖不宜抬得过高；落地时轻稳，避免鞋跟拖地产生噪声。

2. 走姿的训练

基于正确的站姿进行原地踏步，能强化身体平衡，纠正不良姿态；脚跟起踵可锻炼腰臀力量，预防过度摆动；摆臂练习专注于纠正手臂摆动的不当方式，确保自然流畅。这些训练有助于提高走姿的优雅度。

小 贴 士

　　改善生活习惯是矫正不正确身体姿态的基础，包括调整坐姿、站姿和睡姿等日常姿势。坐姿，应保持背部挺直，避免长时间低头或弯腰驼背；站姿，应确保双脚平放在地面上，双肩放松下沉，重心稳定；睡姿，应选择适合的床垫和枕头，避免睡姿不当导致的脊柱弯曲。此外，还应避免长时间保持同一姿势，定期起身活动，缓解肌肉疲劳。

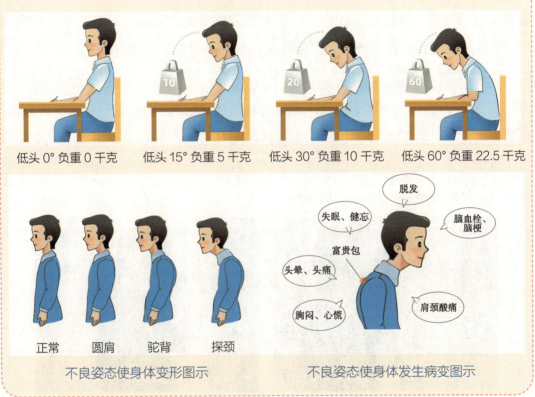

低头 0° 负重 0 千克　　低头 15° 负重 5 千克　　低头 30° 负重 10 千克　　低头 60° 负重 22.5 千克

正常　　圆肩　　驼背　　探颈

不良姿态使身体变形图示　　　　　　不良姿态使身体发生病变图示

第二单元　面容宜人增自信

　　注重容貌修饰，既体现自爱，又彰显对他人的尊重。罗曼·罗兰曾说："理想主义在于认识生活真相后仍怀热爱。"老年人历经世事，慈祥和蔼的面容尤为可贵，其看淡人生、乐观豁达的微笑更显珍贵，令人由衷欣赏。

面容宜人心自宽，慈眉善目显慈祥。

岁月如歌留痕迹，风霜雨雪塑容光。

历经世事心愈静，看淡人生步更安。

微笑从容增自信，豁达乐观乐无边。

一、清爽的面容

1. 面部干净

仅凭清水难以彻底去除面部油污，因此推荐男女都养成每晚使用洗面奶配合温水清洁的习惯。春夏时节，宜选择清爽乳液或露类护肤品；秋冬季节，则宜选用富含油脂的面霜或膏类产品，以保持皮肤细腻光滑，防止粗糙脱皮。

2. 适度美化

女性适度的化妆修饰，能够扬长避短，展现个人魅力。化妆时，应注重个性表达，根据面部特征，合理选择化妆品。通过突出五官的优点和修饰不足之处，能够打造出更加美丽动人的形象。化妆时，应将重点放在眉毛和嘴唇的修饰上，力求呈现健康、自然的面貌，避免浓妆艳抹。

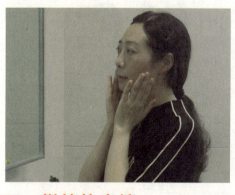 

二、微笑的表情

在万千世界中，人堪称最美；而在人的万千姿态中，笑无疑最为动人。尤其那真诚适度的微笑，更是美得无可比拟。

1. 微笑的好处

微笑被誉为"解郁忘忧之灵药"。常带笑容，不仅令人倍感亲切，使交往更加和谐，更有益于身心健康，可保护心脏、改善呼吸、缓解疼痛、缓解压力、增强免疫力。同时，微笑能提升亲和力，促进情绪放松，愉悦心情，保持青春活力。

2. 微笑的方法

微笑之道在于自然真诚与心情舒展。真正的笑脸源自内心,传递着接纳与善意;而勉强的笑脸则显得生硬且不自然,既难为了自己,也令他人不适。

迷人的微笑应是笑肌上扬,下颌微收,嘴角轻扬,眼神柔和含笑。这样的笑容洋溢着自信与满足,散发出迷人的魅力。

3. 微笑的训练

(1)镜子练习法:站在镜子前,观察自己的面部表情,直到找到最自然、最舒适的微笑。反复练习,让微笑成为你的习惯。

(2)情绪诱导法:通过回忆美好的瞬间、听轻松的音乐或观看喜剧片等方式,诱导自己产生愉悦的情绪。这种方法有助于培养发自内心的笑容。

(3)筷子训练法:将一根筷子横放在牙齿之间,让嘴角与筷子保持水平。保持几秒钟,然后放松。这个练习有助于训练脸部肌肉,使微笑更加自然。

三、大方的发型

1. 女士的发型

一般而言,长发在丰腴体形上可能加剧臃肿感,而脸颊旁的花白垂发则可能显得人憔悴衰老。因此,年长女性选择花型大而简约的短发,更能凸显利落与精神。若偏爱长发,则低发髻的盘发方式既显高贵典雅,又不失温婉可亲的气质。

 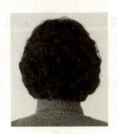 

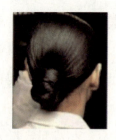

2. 男士的发型

男士的发型应线条流畅、简洁利落，避免遮挡眉眼和衣领，需定期修剪，保持清洁。同时，结合脸型、发质、年龄和身份，展现阳刚大气的美感。

小贴士

面相反映心相，美丑非偶然，五官天生，福相自修。《礼记》云："和气生愉色，愉色生婉容。"心宽容则面和，心计较则面刻，心善良则面慈，心恶毒则面狰。面乃心之镜，藏生活，显追求。心宽则风轻云淡，心窄则郁郁寡欢。爱笑者好运常伴，因内心乐观大度，积极处世，面容柔和亲切，自然吸引善待。

第三单元 仪表得体添风采

卫生习惯、衣着搭配及修饰细节等，无不透露出一个人内在的个人修养。常言道："三分长相，七分装扮。"这足以彰显在人的整体风度美中，仪表修饰扮演着至关重要的角色。精心的仪表修饰不仅能提升外在形象，更能展现出一个人的品位与格调。

仪表得体显风姿，整洁卫生人自怡。

衣着搭配有巧思，修饰细节见真知。

三分长相七分扮，仪表修饰不可迟。

品位格调自内现，风度翩翩惹人痴。

一、卫生的习惯

清洁卫生不仅是仪表美的基石，也是礼仪的基石。养成良好的卫生习惯至关重要。

1. 确保身体无异味

定期清洁头发和身体，勤更换贴身衣物和袜子。早晚刷牙，饭后漱口或饮茶；食用有异味食物后，可用茶叶去除口气。口香糖虽可帮助去除口腔异味但应避免在与人交流时咀嚼。使用香水应适量，以免香味过于浓烈。

2. 避免身上有异物

保持指甲整洁，定期理发、剃须、修剪鼻毛。遵守公共卫生规范，不随地吐痰，避免对人咳嗽或打喷嚏。

3. 确保衣物无污渍

衣物应勤洗勤换，保持干净整洁；鞋子应经常清洁或上油，以维护整体形象的整洁与美观。

二、合体的着装

穿着打扮不仅可以保暖御寒，保护身体，还能够美化形象，展示穿戴者的气质、修养和个性。

1. 着装原则

老年人着装，应遵循实用性与舒适性原则、美观性原则，同时考虑季节性。应选择清浅色系或暖色系的服装色彩，提升整体气质和活力感。避免过于复杂的花色图案，造成沉闷老气的感觉。

2. 款式选择

（1）选择"无龄感"款式。多穿简约款，时尚又百搭。

（2）衣服要结合身形。身材发福走样并不可怕，可怕的是乱穿衣。

3. 色彩搭配

穿有色彩甚至色彩较艳的服装可以使中老年人看上去精神抖擞，显得年轻。黑、白、灰是服装配色中的万能色，可以和任何颜色相配。着装配色和谐的几种常用办法：一是色彩统一，即上下装同色，俗称套装，用饰物点缀可避免呆板的效果；二是深浅呼应，利用同色系中深浅、明暗度不同的特点进行搭配，一般采取上浅下深的方式，整体效果既生动又协调；三是利用补色搭配，如黄色和蓝色、绿色和紫色、红色和绿色，都能表现令人耳目一新的亮丽效果。

三、恰当的配饰

首饰、皮包、围巾等饰物点缀得当，能增添亮点。饰品不宜超过三件，避免繁杂。应秉持"以少为佳"的原则，确保饰品风格、颜色、材质与服装面料、款式相协调。

1. 首饰

（1）耳环。选耳环需考虑脸型、头型、发式及服饰。长脸型可选大扣式耳环显圆润；宽脸型则适合小耳环。服饰艳丽时，耳环也应鲜艳且注意色彩对比。金银耳环通常百搭。

（2）项链。选项链时，需考虑体型、脸型、脖子长度及衣服颜色。胖且脖子短的人适合长项链，而瘦且脖子长的人宜选宽短项链，避免显得单薄。

（3）戒指。戒指寓意婚恋，佩戴有讲究。食指佩戴表示求婚，中指表示热恋，无名指表示订婚或结婚，小指表示独身，大拇指通常不戴。一只手上不宜佩戴超两枚戒指，订婚戒指与结婚戒指可同戴无名指或分别戴中指和无名指。

（4）胸针。胸针佩戴于胸前，强调胸部线条。穿套裙时，别于领子边，增添妩媚。避免与胸花、徽章、项链同戴，以免分散注意力。男性佩戴胸针可展现品位，提升魅力。

2. 配饰

（1）手包。手包材质多样，精美手包展现独特魅力，适合正式场合。女性选日常手包宜大小适中、容量大、分区合理；男性则以简约大方的黑色或棕色牛皮包为佳。

（2）丝巾。丝巾增添着装生动性，改善脸型、体型，可修饰多部位，是女性美丽的点缀。

（3）领带。领带是男性的重要装饰，增添色彩与个性。真丝面料最佳，蓝色、灰色、红色最配西装。图案宜稳重、生动、大方、典雅，避免夸张图案。

（4）腰饰。腰饰包括腰带和腰链，材料多样。腰饰可调整身体比例，提升精神面貌，丰富服装风格。男女选择有差异，男性宜选牛皮材质，女性的选择较广，但需避免突出腰部缺陷。

小贴士

提升旗袍穿搭雅致度，建议：梳低马尾盘发，配精致发饰显端庄；画新中式淡妆，口红淡雅自然；搭配小巧手拿包，增加时尚感；佩戴珍珠或碧玉项链，优雅垂挂颈间显高贵；点缀珍珠耳钉或玉坠，凸显女性温婉；配中式布鞋或中跟皮鞋，舒适又不失优雅，完美展现旗袍韵味。

第四单元　谈吐文明暖人心

语言乃人心之镜，展深刻丰富内涵，映品格教养之光。言谈举止如镜照素养，映内在世界之广深。教养之士，无论何地，皆以温情善意、温文尔雅，赢尊重喜爱。即使在不经意间，亦能言语温柔触动人心，令人动容。

谈吐文明暖人心，言辞温润似甘霖。

品格教养映言语，素养知识见精神。

> 温文尔雅显风范，善意流露动人心。
>
> 不经意间触人魂，言语之力胜万金。

一、文明的语言

1. 老年人的语音特点

（1）声音渐显柔和。老年人的声音因身体机能减退和喉部肌肉松弛而渐显柔和低沉，既有岁月的沉淀，又充满亲切与温暖。

（2）发音略显模糊。老年人的发音因牙齿脱落、舌头运动不灵活而略显模糊。这种模糊是岁月印记，增添了真实与自然之感。

（3）语调平缓稳重。与年轻人相比，老年人语调平缓稳重，缺乏起伏变化，却赋予话语庄重与深沉。

（4）语速从容不迫。老年人讲话时语速从容不迫，体现了他们沉稳内敛的性格。我们在聆听时应耐心，感受其话语深意。

2. 老年人的言语礼貌

老年人的言语礼貌，如同他们的人生智慧，深沉而内敛。他们用谦逊的态度、温和的语气与人交流，每一句话都透露出对他人的尊重与关怀，展现了老者的高尚品质。同时，老年人还善于用正面的语言来激励和鼓舞身边的人。

二、正确的表达

1. 音量适中

不高声喧哗，放低声音更显修养。

2. 口齿清晰

吐词清楚，适当强调，匀速有节奏地说话。

3. 态度温和

用文明语言，面带微笑，用愉快的语调。

三、及时的呼应

与人交谈时，保持目光接触，并展现真挚热诚的面部表情，可彰显对话题的兴趣，促进交谈气氛的融洽。低垂眼皮、左顾右盼或盯着手机等行为均不适宜。

随着话题转变，应通过眼神、手势、表情及应答来及时恰当地反馈，如认同、赞许、微笑、沉思、点头或质疑，使交谈更加融洽、生动且有趣。

小贴士

　　俗话说："病从口入，祸从口出"。意指饮食不当会致病，言辞不慎会招祸。生活中，有人因言语冲撞，激起不满，导致争执升级，最终不欢而散；有人因小事口角，进而大打出手，双方皆受伤害。

　　故嘴巴需谨慎，交往才顺畅；言谈温和有礼，生活则和谐安宁。降低音量，增添温和，既能赢得敬意与好感，又能化解矛盾，使交往更加融洽愉快。言语之中，福运自显。

★急事，慢慢地说	★不说"喂"，要说"你好"
★大事，清楚地说	★不说"哦"，要说"知道啦"
★小事，幽默地说	★不说"嗯"，要说"没问题"
★讨厌的事，不能传说	★不说"但是"，要说"同时"
★评价的事，中肯地说	★不说"你听懂了吗"，要说"我讲清楚了吗"
★开心的事，看场合说	★不说"我来晚了"，要说"谢谢你等我"
★伤心的事，见人少说	★不说"非常抱歉"，要说"还盼理解"
★自己的事，想想再说	★不说"你我"，要说"咱们"
★家里的事，不对外说	★不说"你过分了"，要说"我很生气"
★现在的事，做了再说	★不说"随便"，要说"我听你的"
★未来的事，未来再说	★不说"稍等"，要说"马上到"
★没把握的事，谨慎地说	★不说"我不会"，要说"我可以学"
★没发生的事，不要乱说	★不说"这都做不好"，要说"有很大进步空间"
★做不到的事，别随便说	★不说"还行"，要说"挺不错的"
★伤害人的事，千万别说	★不说"谢谢"，要说"谢谢您/你"
★情绪不好时，先不要说	★不说"不知道"，要说"我也不太明白/清楚"
★局势不明时，中立地说	

★把"你怎么会这样想？"换成"原来你是这样想的啊！"
★把"你怎么还不快点？"换成"时间到×点的时候，咱们就出发/行动。"
★把"你这样是不对的！"换成"有一些其他想法和你分享一下。"
★把"我就知道会这样！"换成"咱们一起想办法解决！"
★把"我不明白你说啥！"换成"我不太理解你的意思，能展开说说吗？"

第五单元　举止文雅展风度

　　举止文雅，尽显风度翩翩。在社会交往中，无声语言往往比有声语言占据更为重要的地位。"眉来眼去传情意，举手投足皆言语。"一个人的行为举止若显得文明、优雅且充满敬意，不仅能更有效地促进人际关系的和谐融洽，更能赢得他人的好感与尊重，从而拥有更为广泛而深厚的人脉。

> 举止文雅显风度，翩翩风采自不俗。
>
> 眉来眼去传情意，举手投足皆言语。
>
> 文明优雅显敬意，和谐融洽促人舒。
>
> 赢得尊重人脉广，风度翩翩乐自足。

一、电梯的乘坐

1. 进出顺序

　　电梯到达时，应遵守先下后上、有序进出的原则。与陌生人同乘时，需遵循先来后到进入、由外而内退出的顺序，切勿拥挤。

2. 站位选择

　　进入电梯后，宜面向电梯门站立；若人数较多，可侧身面向他人。先进入者宜站在电梯门两侧或后壁，最后进入者站在中间，避免阻挡通道。

3. 互助便捷

　　先进入者要主动按住开门按钮，等待他人进入，防止电梯门夹人；主动为远处乘客选择楼层，后进入者可轻声请人帮助按键。靠近门口的人应提前为下电梯者留出空间，确保通道畅通。

二、物品的递接

一位父亲要求儿子递给他一支笔，儿子随意地递了过去，将笔头朝向父亲。父亲随即教导儿子："递东西给别人时，要考虑对方接手的方便性。你这样递笔，别人还得反过来拿，而且没有笔帽的话，还可能弄脏手。尤其是刀剪这类尖锐物品，更要注意，绝不能将刀口或刀尖朝向对方。"生活中，这些看似微不足道的小事，实则最能反映一个人的品格和修养。

1. 文字类物品

递送带有文字的物品时，应确保文字正面朝向对方，方便对方阅读，以示尊重。无论是商务场合还是日常生活中，这样的细节处理都能体现出一个人的细致与周到。

2. 刀剪类物品

递送尖锐物品时，务必确保尖端朝向自己，避免指向对方，确保安全。对于带有把手的物品，应将便于抓握的部分朝向对方，方便对方使用。

3. 茶水类物品

递送茶水时，应左手托住茶托底部，右手握住杯柄或轻扶杯壁，双手恭敬地递上，同时礼貌地说："请用茶。"注意手指切勿触及杯口，以保持茶水的清洁与卫生。接收茶水时，应起身双手接过，并表达谢意。

三、用餐的讲究

1. 文雅之礼

待主人邀请后，方可开始用餐；夹菜时，应从靠近自己的盘边夹取，避免在盘中随意翻动。用餐时，避免挥舞筷子，不可同时持有筷子和汤匙。敬酒时，应起身碰杯，杯口略低于对方以示敬意。用餐时，少言谈，适量进食，细嚼慢咽，避免发出大响动或打嗝。食物残渣应用筷子或手取出，置于渣盘中，切勿直接吐于桌面或地上。

2. 适度之礼

用餐时，应遵守适度之礼。不宜过分热情地为他人夹菜添饭，也不可过度劝酒劝菜。享用自助餐时，应适量取用，避免贪多浪费，吃多少取多少，不够再取。若盘中食物不合口味，亦不可倒回原处，可留在盘中，待服务员收盘时表示歉意。

3. 卫生之礼

用餐时，应遵循卫生之礼。为他人夹菜时，应使用公筷，确保餐具的清洁卫生。餐后可漱口或喝茶，既减少口腔异味，又避免食物残渣留在牙齿上。如需剔牙，应使用牙签，并在侧身避人的情况下，用手或纸巾掩口进行。若需咳嗽或打喷嚏，应用手或手帕遮住口鼻，并将头转向后方。若在用餐过程中遇到不适，如嚼到沙粒或嗓子里有痰，应礼貌地离开餐桌，妥善处理。

小贴士

新时代下，提升文明素养尤为关键，关乎幸福生活、家庭和谐与社会进步。勿因恶小而为之，勿因善小而不为，以文明行为温暖人心，增添社会亮色。从我做起，培养重礼仪、讲文明、守公德的习惯，为后代树立典范。

❤ 走进生活

　　《新时代公民道德建设实施纲要》强调礼仪教化作用，要求制定社会礼仪规范，提升文明风尚。加强礼仪教育有助于提升个人修养，展现文明、优雅、敬人的形象，增强人缘和心情，实现更高的人生价值。因此，提倡老年人学礼、懂礼、用礼，成为礼仪的典范。

　　因篇幅有限，推荐观看山东广播电视台录制的节目《中国礼·中国乐》，学习中国礼仪。

项目三

科学健身·适量运动精神棒

老年健身是全民健身活动的重要组成，受到党和国家的高度重视与支持。参与健身不仅有助于强身健体、延年益寿，更是老年人积极生活、社交交友的重要途径。长期坚持老年健身操能改善血液循环、增强心肺功能、促进营养吸收与睡眠质量，实现强身健体的效果。

本项目以身体锻炼为核心，主要介绍运动健身心理调适、适度锻炼乐享晚年、运动健康自我保护和运动效果评估改进等内容，期望能够帮助老年人建立科学的运动健身观念，掌握正确的运动方法和技巧，提高运动效果，降低运动风险，享受健康快乐的晚年生活。

 相关链接

为深化老年健康宣传工作，国家卫生健康委员会老龄健康司等机构精心制作了四批老年健康教育科普视频，涵盖运动对老年健康的益处、科学健身指南、健步走运动指导、中医养生运动指导、运动饮食与营养知识、骨骼损伤防治、运动防失能技巧、骨质疏松防治策略、运动辅助糖尿病治疗及防跌倒等内容，旨在为广大老年朋友及其家人提供丰富的学习资源。

第一单元　运动健身，心理调适

随着年龄的增长，老年人的生理和心理状态会发生一系列的变化。老年人生理心理特点的变化是多种因素共同作用的结果。了解这些特点，对帮助老年人更好地适应晚年生活、维护身心健康具有重要意义。

运动健身心自舒，调适心理乐安居。

岁月流转身心变，理解特点益康愉。

生理心理同关注，晚年生活更欢悦。

身心健康是福祉，长享天年乐不疲。

一、正确认识衰老，树立信心
（一）了解衰老的自然规律

1. 体表外形的显著变化

随着年龄的增长，老年人的头发逐渐变白、脱落，变得稀疏；皮肤变得更为薄弱，皮下脂肪减少，皱纹日益明显；牙龈组织逐渐萎缩，牙齿容易松动脱落；骨骼肌也会发生萎缩，可能导致骨钙丧失或骨质增生。此外，身高和体重也会随着年龄的增长而有所降低。

2. 器官功能的明显下降

老年人在感官上，听力会有所下降，听力下降主要由耳蜗与听神经变性所致；在循环系统上，心脏搏出量减少约四至五成，肺活量减少约五至六成；在泌尿系统方面，肾脏清除功能降低约四至五成；在神经系统上，脑组织萎缩，神经细胞减少；同时，胃酸分泌量也会降低。

3. 机体调节控制作用降低

随着年龄的增长，老年人动作、学习速度渐缓，操作及反应能力下降，记忆与认知功能减退。日常自理能力与免疫力降低，易感染疾病，免疫监视功能亦减弱。

（二）树立积极老龄化观念

树立积极老龄化观念，是每位老年人追求高质量晚年生活的重要前提。以乐观、开朗的心态面对老年生活，不仅能够让身心更加愉悦，还能够激发内在的活力和潜能。老年人要相信，通过自身的努力和科学的保健方法，能够保持健康，延续生命的活力。

在心理健康方面，老年人要学会调整心态，积极应对生活中的挑战和困难。与家人、朋友保持良好的沟通，分享彼此的心声和感受，有助于减轻心理压力，缓解焦虑和抑郁情绪。同时，培养兴趣爱好，如书法、绘画、音乐等，也有助于丰富精神生活，提升幸福感。

（三）强调运动健身的益处

运动助老人身心健康，增强心肺功能，防心血管病，增加肌肉力量，减少跌倒等意外事故发生。社会家庭应支持关注，营造安全运动环境，共促积极老龄化。

二、培养兴趣爱好，保持积极心态

1. 发掘个人兴趣爱好

老年人应依据个人特点和喜好，挑选合适的运动项目和兴趣爱好。有人偏爱太极拳的舒缓与内修，有人钟情于园艺的宁静与生机。无论是舞剑挥毫，还是浇花种草，都能让晚年生活丰富多彩，身心健康，焕发新的活力与光彩。

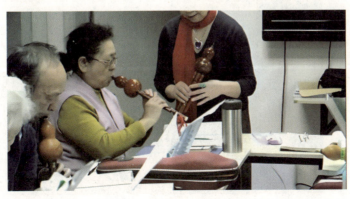

2. 参加社交活动

老年人参加社交活动，不仅可以丰富晚年生活，更能使身心健康。在各类社交场合中，老年人可以结交新朋友，分享生活经验和心得，增强彼此之间的情感联系。同时，社交活动也有助于提高老年人的认知能力和思维能力，预防阿尔茨海默病等疾病。此外，通过参与社交活动，老年人还能感受到社会的关爱和尊重，增强自我价值感和幸福感。

3. 持续学习新技能

老年人应保持对学习的热情，尝试掌握新的运动技能或舞蹈等。这不仅有助于锻炼身体，更能锻炼大脑，延缓认知衰退。

通过学习新技能，老年人可以不断挑战自我，保持年轻的心态，丰富晚年生活。持续学习是对生活最好的热爱与尊重，也是对自我成长的不断追求。

三、家人陪伴支持，共同参与活动

1. 家人陪伴运动

鼓励家人陪伴老年人一同运动，不仅能增进亲子间的情感交流，也能让老年人感受到家的温暖。在运动中，彼此关怀、互相扶持，共同享受健康与快乐。同时，要特别注意运动安全，确保老年人在安全的环境中锻炼身体，享受健康晚年。

2. 共同参与户外活动

组织家庭户外活动，如徒步、登山等，是增进家庭成员间情感交流的好方式。在自然环境中，老年人能亲身感受大自然的美丽与宁静，享受运动的乐趣。这些活动既锻炼了身体，又放松了心情，让老年人在快乐的氛围中度过美好时光，享受幸福的晚年生活。

3. 一起制订运动计划

与家人共同为老年人制订运动计划，是关爱他们健康的重要体现。计划要科学，结合老年人的身体状况和兴趣爱好，确保运动既不过多也不过少。同时，计划要可持续，让老年人能够长期坚持，形成良好的运动习惯。这样，他们的晚年生活将更加健康、充实和快乐。

四、寻求专业的心理辅导帮助

1. 寻求心理咨询服务

老年人在运动过程中，可能会遇到各种心理问题，如焦虑、抑郁等。为帮助他们更好地应对这些问题，可以寻求专业的心理咨询服务。专业心理咨询师能针对老年人的具体情况，提供个性化的建议和指导，帮助他们排解困惑，增强信心。

2. 参加心理健康讲座

参加针对老年人的心理健康讲座或课程也是提升自我调适能力的好方法。通过这些讲座，老年人可以了解到更多关于心理健康的知识和技巧，学会如何调整心态，积极面对生活中的挑战。

3. 建立心理支持网络

老年人可以与亲朋好友、邻居等保持密切联系，共同分享运动中的喜怒哀乐。这种支持和关心能让他们感受到温暖和力量，更好地保持心理健康。

· 小 贴 士 ·

随着互联网发展，线上健身受老辈喜爱。手机、电脑在手，随时随地学健身。王奶奶通过线上教学学会了瑜伽，她每天都会在家里练习。她说："线上教学便捷，我根据身体情况定进度。"

第二单元 适度锻炼，乐享晚年

老年人选择适合自己身体状况和年龄的运动方式适度锻炼，对增强身体健康、降低疾病风险、改善心理健康、提高生活质量等都有很多好处。都说生命在于运动，而运动需要坚持。

适度锻炼乐晚年，身心康健福无边。

晨起舞剑舒筋骨，暮时散步赏花鲜。

太极瑜伽修身性，慢跑游泳强体健。

莫待老来病缠身，锻炼适度乐绵绵。

一、运动健身的重要性

随着年龄的增长，人体的各项机能逐渐衰退，新陈代谢减缓，骨骼、肌肉和心血管系统等方面都面临着种种挑战。因此，通过适当的运动健身，老年人可以有效地延缓衰老过程，提升生活质量。

1. 延缓衰老过程

（1）减缓肌肉流失。随着年龄的增长，老年人肌肉量逐渐减少。运动健身能够刺激肌肉生长，减缓肌肉流失的速度，从而保持身体的力量和耐力。

（2）维持骨密度。骨质疏松是老年人常见的健康问题。适当的运动可以促进骨骼的新陈代谢，增加骨密度，降低骨折的风险。

（3）提高心肺功能。有氧运动（如散步、慢跑、游泳等）能够增强心肺功能，降低血压和心率，减少心血管疾病的风险。同时，运动还能促进血液循环，改善血液供应，有助于预防血栓形成和动脉硬化等问题。

2. 预防慢性疾病

（1）控制血压和血糖。运动健身有助于调节血压和血糖水平，降低老年人患上高血压和糖尿病的风险。

（2）改善血脂状况。适当的运动可以促进脂肪代谢，降低血脂水平，预防动脉粥样硬化等心血管疾病。

（3）减少肥胖和超重。运动能够帮助老年人消耗多余热量，减轻体重，避免肥胖和超重带来的健康隐患。

3. 提高生活质量

（1）增强自理能力。通过运动健身，老年人能够增强身体的柔韧性和协调性，提高日常生活自理能力。

（2）缓解疼痛和不适。适当的运动可以促进血液循环，缓解关节疼痛和肌肉酸痛等不适症状，提高生活质量。

（3）改善睡眠质量。运动有助于消耗多余的热量，使老年人在晚上更容易入睡，并改善睡眠质量。

4. 增强社交互动

（1）拓展社交圈子。参加运动健身活动可以让老年人结识更多志同道合的朋友，拓展社交圈子，增加生活乐趣。

（2）促进家庭和谐。与家人一起进行运动健身活动，不仅可以增进亲情，还能共同关注健康话题，促进家庭和谐。

（3）融入社会群体。通过参与团体运动或集体活动，老年人能够更好地融入社会群体，感受到归属感和价值感。

二、运动健身的原则

1. 安全第一原则

（1）确保运动环境安全。选择平整、无障碍的场地进行运动，避免高冲击性活动。

（2）合理安排运动强度。根据老年人身体状况，适度调整运动强度，避免过度劳累。

（3）做好准备活动与放松整理。运动前进行充分的热身和拉伸，运动后适当放松，以预防运动损伤。

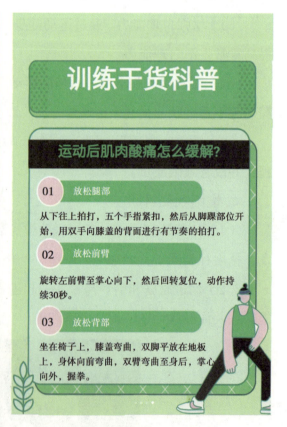

2. 循序渐进原则

（1）逐步增加运动量。从较低的运动量开始，逐渐增加运动时间和强度，让身体逐渐适应。

（2）多样化运动方式。结合多种运动方式，如有氧运动、力量训练、柔韧性练习等，全面提升身体素质。

（3）定期评估与调整。根据身体状况和运动效果，适时调整运动计划，确保运动的科学性和有效性。

3. 全面发展原则

（1）均衡锻炼各部位。针对身体各部位进行均衡锻炼，提高整体肌肉力量和关节灵活性。

（2）兼顾心肺功能。通过有氧运动增强心肺功能，提高身体耐力和抗疲劳能力。

（3）注重柔韧性与协调性。加强柔韧性练习，改善关节活动范围，提高身体协调性和平衡感。

4. 个性化运动方案

（1）因人而异制订计划。根据老年人的年龄、性别、身体状况和运动目的，制订个性化的运动方案。

（2）灵活调整运动内容。根据老年人的兴趣和喜好，灵活调整运动项目和方式，提高运动依从性。

（3）量化监控与反馈。通过运动监测设备，实时记录运动数据，定期评估运动效果，为调整运动方案提供依据。

三、适合老年人的运动项目

适合老年人的运动项目众多。这些活动不仅有助于保持身体健康，还能提高生活质量，增强幸福感。

1. 健步走与广场舞

（1）健步走是一项轻松且易于进行的运动，适合大多数老年人。无论是早晨还是傍晚，选择空气清新的公园或街道，悠闲地散步或健步走，既能够锻炼身体，又能欣赏风景，放松心情。老年人可根据自身情况调整步速和距离，有助于改善心血管健康、控制体重。

（2）广场舞作为一种低强度的有氧运动，适合老年人参与，能增强心肺功能、提高身体协调性，同时还是社交活动的好途径。

2. 太极拳与养生功法

（1）太极拳是一种内外兼修、柔和、缓慢、轻灵且刚柔相济的中国传统拳术，被誉为中华武术的瑰宝。太极拳特别注重呼吸与动作的协调配合，强调在拳法演练中使"气"沉于丹田，与动作融为一体。太极拳的拳法动作舒展大方、缓慢连贯，给人一种宁静致远的感受。通过坚持练习太极拳，老年人可以在运动中找到身心的平衡与和谐，享受健康快乐的晚年生活。

（2）养生功法如八段锦、五禽戏等，融合传统中医理念，通过特定动作达到调理脏腑、疏通经络的效果，对老年人健康有积极促进作用。

3. 游泳和水上运动

（1）游泳能够锻炼全身肌肉，增强心肺功能，而且水的浮力可以减轻关节的负担，降低运动损伤的风险。

（2）水上运动如水中健身操、水中瑜伽等，利用水的阻力进行锻炼，增强身体柔韧性和平衡感。

对于会游泳的老年人来说，游泳及水上运动既安全又有趣。

4. 器械训练与力量训练

（1）器械训练。老年人可在专业指导下进行适度的器械训练，如使用哑铃、杠铃等，以增强肌肉力量和耐力，预防肌肉萎缩。

（2）力量训练。通过自身重量或简单器械进行的力量训练，如俯卧撑、深蹲等，可以帮助老年人提高基础代谢率、增强骨骼密度。但需注意训练强度适中，避免过度运动导致伤害。

如果老年人对球类运动感兴趣，可以尝试乒乓球或羽毛球。这些运动不仅能够锻炼手眼协调能力和反应速度，还能够增加社交互动，提高生活质量。

小贴士

广场舞是老年人健身的一大热门项目。晚上，广场上会聚集许多跳广场舞的老年人。老人们随着音乐的节奏舞动，既锻炼了身体，又丰富了业余生活。广场舞不仅能够提高老年人的心肺功能，还能增强他们的身体协调性。李叔叔就是广场舞的积极参与者，他说："跳广场舞让我感觉年轻了许多，身体也更灵活了。"

第三单元　运动健康，自我保护

老年人在运动中，要保持适度的运动量和运动方式，根据自身身体状况和运动感受，及时调整运动计划，确保运动的安全与有效性，避免过度消耗体力和精力。同时，注重热身和拉伸，以降低运动损伤的风险。

老人运动健身忙，自我保护不可忘。

热身拉伸防损伤，适度锻炼保健康。

避免过度免劳累，合理安排享安康。

持之以恒重坚持，晚年生活乐无疆。

一、运动前热身准备活动

1. 缓慢启动

运动前热身对老年人至关重要，缓慢启动是关键。可通过步行、踏步等方式逐渐热身，增加关节灵活性，降低受伤风险。同时，选择适当拉伸运动，如伸展双臂、转动头部等，提升身体柔韧性与协调性。

2. 关节活动

关节活动在热身准备活动中占据着举足轻重的地位。运动前，应当充分进行各关节的屈伸、旋转等活动，针对将要活动的关节，更应当进行重点热身。

老年人在进行关节活动时，动作要缓慢、轻柔，避免过度用力或突然扭转，以免造成关节损伤。

3. 轻度有氧运动

进行伸展运动、原地踏步、慢跑、静态骑自行车等轻度有氧运动,对老年人而言,是热身准备活动中不可或缺的一环。一般来说,老年人运动前热身活动持续时间为5~10分钟。

二、运动中监测和调整强度

1. 监测心率

老年人在热身和运动过程中,应时刻关注并监测自身的心率变化。运动时,若心率持续过高或出现不适,应适当减少运动强度或暂停运动,保障自身的安全和健康。目前,许多智能手表、智能手环都具有心率监测功能。

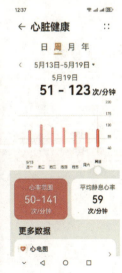

2. 身体反馈

运动是为了健康，而不是追求某种极致效果。在热身和运动过程中，如出现呼吸急促、胸闷、头晕等任何不适的症状，应立即降低运动强度或停止运动，以免对身体造成不必要的损伤。

3. 适度调整

老年人应根据自身的体质状况和预期的运动目标，适度地调整运动强度、时间及频率，以便达到最佳的运动效果。通过适度地调整，老年人可以在运动中享受乐趣，同时促进身心健康。

三、运动后拉伸放松

（1）缓慢拉伸关键肌肉，促进恢复。

（2）拉伸时配合深呼吸，帮助身体放松。

（3）适度按摩肌肉，促循环、缓疲劳。

（4）运动后休息、补水、补能，避免脱水与能量不足。

四、应对突发情况的措施

（1）预防为先，评估健康风险，选择合适运动。

（2）随身携带急救药品，如降压药、降糖药等，注意确保药品在有效期内。

（3）遇不适或突发状况，及时求助并就医治疗。

小 贴 士

老年人健身运动时，心率是否适合自己的估算方法如下：最大心率＝220－年龄，注意最好不要超过最大心率。

低强度运动：最大心率的60%以下；

中强度运动：最大心率的60%（含）~80%（不含）；

高强度运动：最大心率的80%（含）~90%（不含）。

第四单元　运动效果，评估改进

对于老年人而言，运动健身不仅是增强体质、延缓衰老的有效手段，更是提高生活质量、保持身心健康的重要途径。因此，对老年人的运动健身效果进行全面、科学的评估显得尤为重要。通过对运动健身效果进行客观评价，为后续的改进提供依据。

老人运动效果评，科学评估益康延。

心肺功能强又健，骨骼肌肉壮且坚。

根据评估调方案，适度锻炼更适宜。

不断改进见成效，晚年生活乐无边。

一、身体健康指标分析

关注老年人身体机能、运动能力及慢性病控制效果，通过体检数据、肌肉力量及柔韧性测试等全面评估其身体状况，重点观察慢性病控制效果。

二、心理状态改善评估

老年人参与运动可改善心理状态，缓解焦虑和抑郁。采用问卷调查、心理测试等方法量化评估心理健康状况，关注运动过程中的情感体验，了解运动对心理的积极影响。

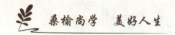
三、社会交往能力提升

运动健身为老年人提供社交平台，提升社会交往能力。评估关注老年人在运动中的互动、沟通能力，及其通过运动拓展社交圈的情况，了解运动对社会交往能力的提升作用。

四、运动安全性评估

重视老年人运动安全，关注运动损伤、意外等风险，评估场地器材的安全性，确保安全的锻炼环境。同时，关注老年人运动习惯的合理性，预防因不当运动引发的安全问题。

五、改进建议与措施

（1）身体健康方面：建议老年人选择适合自身状况的运动项目与强度，避免过度运动，加强慢性病管理与定期检查，优化运动计划以控制病情。

（2）心理状态方面：鼓励老年人参与集体运动，增强互动沟通，缓解焦虑与抑郁情绪。为老年人提供心理咨询服务，帮助他们应对运动挑战与压力。

（3）社会交往能力方面：组织多样化运动，提供更多交友互动机会，普及运动知识，提升老年人运动素养与社交能力。

（4）运动安全方面：加强运动场地与器材的安全管理，确保安全锻炼环境，引导老年人树立正确的运动观念，合理安排运动时间与强度，避免不当运动导致的安全问题。

六、健身计划与调整

基于评估与改进建议，为老年人定制个性化的健身计划，考虑身体状况、运动需求与兴趣，确保针对性与有效性。根据运动效果与反馈，适时调整优化计划，满足老年人需求，提升健身成效。

小贴士

颈肩健身操——回头望月

两脚开立与肩同宽，身体自然站直。双手叉腰，慢慢地向左转头，眼睛向上看，同时左侧肩膀上耸、右侧肩膀下沉牵拉，呼气时复位。向右转头，重复一遍动作，变为右侧肩膀上耸、左侧肩膀下沉。

左右各做一次为一组，每天做10~20组，循序渐进。

走进生活

随着科技的发展，智能穿戴设备在老年人健身中发挥了重要作用。这些设备能够实时监测老年人的心率、血压、步数等数据，帮助老年人更好地了解自己的身体状况。刘婆婆就佩戴了一款智能手环，她说："这个手环可以告诉我走了多少步，心率是多少，让我更加了解自己的身体状况。"

项目四

医卫护理·健康养生有妙招

随着岁月的流逝，老年人对健康的追求愈发显得重要。老年人更加关注健康养生，不仅注重饮食的均衡与营养，还积极参与各种适合老年人的运动锻炼，如太极、散步等，以保持身体的活力。同时，也重视心理健康，通过阅读、书法、园艺等活动来陶冶情操，丰富精神世界。老年人正以积极的态度和行动，诠释着健康养生的真谛。

本项目将详细介绍老年人保健按摩、自我拍打等健康养生方法，帮助老年人在日常生活中更好地照顾自己，争做健康"不倒翁"，享受幸福的晚年生活。

 相关链接

老年人健康指导的内容主要有合理膳食、适当运动、定期监测血压、预防心脑血管疾病、定期体检、保持良好的心态、预防骨关节疾病、重视口腔保健等。老年人结合自身情况，参与文化娱乐、体育健身等活动，可以让日常生活更加精彩，让身心更加愉悦。

第一单元 保健按摩气血畅

保健按摩是用自己的双手在身体某些部位或穴位上进行揉搓、提拿、拍打，以促进血液循环，改善消化功能，强壮筋骨，提高抗病能力。这种按摩简单易学，使用方便，适合老年人家庭保健。

岁月如歌晚景长，养生有道乐安康。

按摩保健通气血，舒筋活络壮身强。

调和呼吸心神静，调顺阴阳体魄昌。

老来更重身康健，福寿双全乐未央。

一、按摩功能介绍

人体犹如精密的机器，随着岁月的流逝，其功能难免会逐渐衰减，甚至出现腿脚乏力、关节疼痛等现象。老年人若能适时进行按摩，不仅能通经活络、祛邪扶正，更可显著缓解身体疼痛，重焕健康活力，尽享舒适愉悦的晚年生活。

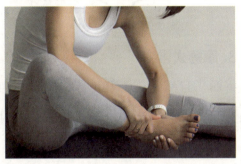

二、按摩动作要领

（1）修剪指甲，确保双手洁净，保证按摩的安全与舒适。

（2）选择合适体位，一般可采取端坐位或站立位。

（3）手法应均匀一致，力度适中，持续、柔和而有力地操作。

三、按摩操作方法

1. 按揉百会与四神聪穴

（1）双手拇指指腹轻轻置于头顶中央的百会穴上，缓慢按揉。

（2）将双手拇指稍微向外移动，分别置于百会穴前后的四神聪穴上，以同样的力度和节奏进行按揉。

（3）重复上述按揉动作 20 次，使头部穴位得到充分刺激，达到疏通经络、提神醒脑的效果。

2. 按揉太阳穴

太阳穴是一个位于耳廓前面、前额两侧、外眼角延长线上方的一个穴位。手指合拢，中指按在太阳穴上。以中指为着力点，沿顺时针方向轻柔地揉按太阳穴，共计 10 次，再逆时针方向按揉 10 次。如感到受力较轻，可改用双手大鱼际或小鱼际按揉。

通过这一简单的按摩动作，能有效缓解头部紧张感，促进脑部血液循环，使人感到神清气爽。

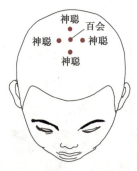
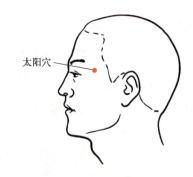

3. 摩擦大椎穴

将四指自然并拢，轻放于颈部的大椎穴之上。先左手开始，随后换至右手，以适度的力度和频率，反复进行摩擦动作，次数控制在 30~50 次。此操作可以消除颈肩部肌肉疲劳，疏风散寒，预防感冒。

4. 按揉内关穴

内关穴位于前臂掌侧，腕横纹上 2 寸，掌长肌腱与桡侧腕屈肌腱之间。这个位置相对容易找到，稍微用力按压会有酸胀感。

食指和中指并拢，将两指的指腹轻轻放在内关穴上，按揉 50~100 次。此操作可以帮助睡眠，解除疲劳，改善胸痛、心悸、盗汗，舒缓腹胀感，治疗头晕目眩。

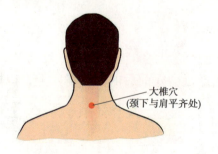
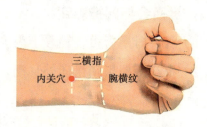

5. 揉腹

神阙穴位于肚脐中央，一手掌心贴于肚脐神阙穴，另一手掌按手背，做轻快柔和的揉动，每次 2 分钟。按揉下腹部，如气海、关元穴，可增强人体免疫力。

6. 按揉足三里穴

足三里穴位于小腿外侧、犊鼻穴下 3 寸，犊鼻穴与解溪穴连线上。用大拇指或中指做按压，每次按 5~10 分钟。通过刺激足三里穴，可以燥化脾湿、生发胃气、补中益气、调理脾胃、通经活络、疏风化湿，起到强身健体的作用。

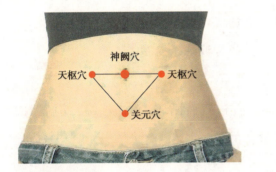

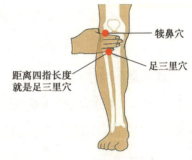

7. 按揉涌泉穴

涌泉穴位于足底第 2、3 跖趾缝纹头端与足跟连线的前 1/3 与后 2/3 交点上。用拇指或用指间关节按揉涌泉穴，每次按 5~10 分钟。经常按摩可以使人精力旺盛，体质增强，防病能力提高。

小 贴 士

自我按摩一般在饭后两小时进行，按摩时间一般为 5~10 分钟。按摩时，要身心放松，心平气和，取穴要准确，用力需恰当，循序渐进，持之以恒，长期坚持才能逐渐显出效果。

第二单元 自我拍打一身安

拍打锻炼是一种古老的中医养生保健方法，具有简单、实用、效果明显的特点。进行拍打时，应确保了解自己的身体状况，掌握正确的操作方法和力度，避免过度用力或不当操作对身体造成损伤。

拍打养生古法传，简单实用效明显。

了解自身慎行事，正确操作保安全。

力度适中防损伤，持之以恒享康健。

中医养生智慧多，拍打锻炼乐无边。

一、功能介绍

通过刺激人体表面皮肤及深层肌肉，促进气血循环，疏通经络，缓解肌肉疲劳，从而达到舒筋活血、调理阴阳、强身健体的目的。

二、动作要领

（1）操作前，应剪修指甲，将手洗干净，避免损伤皮肤。

（2）取端坐位或站立位。

（3）操作时，手指自然并拢，手指关节微屈成虚掌，平稳有节奏地拍打，拍到轻微充血为度。

（4）操作手法应均匀、持续、柔和、有力。

三、操作方法

1. 拍打腋窝

极泉穴是手少阴心经的穴位之一，位于腋窝顶点，腋动脉搏动处。经常拍打极泉穴可以宽胸宁神、调和气血。

拍打方法：左手上举，用右手手掌拍打左腋下，再上举右手，用左手手掌拍打右腋下，每次拍打 30~50 次，反复操作 5 遍。

2. 拍打委中穴

委中穴位于人体的膝后区，在腘窝的正中央，即腘横纹的中点处，当股二头肌肌腱与半腱肌肌腱的中间。常拍打此穴可以行气活血、解痉挛，对坐骨神经痛、小腿疲劳、脖子酸痛、臀部疼痛等疼痛性疾病有良效。

拍打方法: 取坐位, 用两手虚掌着力, 连续拍打两侧委中穴, 每次拍打 30~50 次。

极泉穴

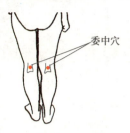

委中穴

3. 拍打肚脐

肚脐名为神阙穴, 在腹中部, 脐中央。经常拍打肚脐可起到安神宁心、舒肝利胆、调和气血的作用。

拍打方法: 取站立位, 用左右手虚掌着力, 以前臂发力, 连续不断地轻微拍打肚脐 100 次。

4. 拍打肘窝

肘窝位于肘关节前面, 为三角凹窝。经常拍打可起到行气活血、散淤祛毒的作用。

拍打方法: 取站立位, 一侧上肢伸直, 肘窝向上, 用另外一只手虚掌着力, 两侧交替拍打各 100 次。

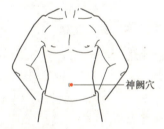

神阙穴

肘窝

5. 拍打腰骶窝

腰骶窝俗称"腰眼", 是背后腰间的两个凹下去的窝。腰眼穴位于腰部第四腰椎棘突下旁开 3.5 寸的凹陷处。常拍打腰骶部有疏松筋骨、消除疲劳的效果。

拍打方法: 取站立位, 上身略前俯, 用左右手虚掌着力, 连续拍打腰骶部 30~50 次。

腰眼穴

小贴士

自我拍打注意事项

（1）避开关节：关节为骨骼重要结构，拍打易致损伤，应避开。

（2）自上而下：从头部开始，逐步向下拍打。

（3）节奏均匀：保持稳定的节奏，避免过快，每个部位拍打至少 20 次。

（4）注意力放松：保持放松状态，避免紧张或用力过猛，防止肌肉拉伤。

（5）掌心轻柔：使用轻柔的掌心进行拍打，避免用力过度导致皮肤损伤。

（6）坚持有规律：每天坚持进行拍打，每个部位拍打时间不少于 30 秒。

第三单元　争做健康"不倒翁"

据报道，65 岁以上老年人每年有 30% 至少跌倒 1 次，近半数会再跌；80 岁以上跌倒率高达 50%，5%~10% 的跌倒导致骨折。跌倒是多因素所致，防跌倒对维系老年生活质量至关重要。

　　　　防止老人跌摔伤，步履稳健保安康。

　　　　家居环境勤清扫，防滑防绊记心上。

　　　　行走运动要适量，定期体检防病患。

　　　　儿女关怀常相伴，幸福生活乐无疆。

骨折　　　关节脱位　　　韧带扭伤　　　中风　　　死亡

一、最容易跌倒的时刻

1. 起床时

清晨是心脑血管疾病的高发时段，血压、血糖等指标不稳定，易产生头晕、眼花、胸闷等症状。

建议：遵循三个"30秒"原则，即醒来后先静躺30秒，起床后静坐30秒，站立后保持静止30秒，确保平衡稳定后再开始行走。

2. 起夜时

起夜时，由于血压变化可能导致脑供血不足，引发短暂的头晕现象。加之夜间光线较昏暗，老年人的视力相对较差，容易发生摔伤等意外。

建议：床边安装小夜灯，清理房间过道的杂物。在卫生间内放置防滑垫，并安装扶手。对于腿脚不太灵便的老年人，建议在起夜时叫醒家人或照顾者。

3. 洗澡时

老年人身体较弱且平衡能力较差，在狭小、湿滑或温度过高的浴室环境中，跌倒风险显著增加。

建议：老年人洗澡时间不超过15分钟，浴室门不要反锁。可带一个防滑小板凳，坐着洗澡不仅节省体力，还能有效预防跌倒。同时，在浴室安装扶手，安装防滑瓷砖，铺设防滑垫。

4. 吃药半小时

老年人在吃药半小时后，药物已经开始在身体内发挥作用，可能会引发一些不良反应或身体机能的暂时变化，增加跌倒的风险。

建议：如需外出，最好有家人或朋友的陪同。在家中，注意保持通道的畅通，避免在药物作用期间走过湿滑或不平的地面。

5. 乘扶梯时

老年人肢体不够协调，乘扶梯时掌握不好节奏，很容易跌倒。

建议：有家人或照顾者陪同，尽量乘直梯。如果只有扶梯，应保持双脚等肩、分开站立的姿势，抓紧扶手。

二、预防跌倒的居家环境

1. 确保充足照明

老年人视力下降，对光线感知能力减弱。因此，保持居室内适中光线对预防跌倒至关重要。建议老花眼镜放置于易取之处，开关设在显眼位置，夜间留盏夜灯，以确保老年人行动安全。

2. 营造安全空间

室内家具应摆放固定，避免频繁变动。过道与楼梯保持通畅，勿堆放杂物，电线需妥善收纳或固定。地面尽量平整，避免高低落差，不设门槛。选材应避免使用不防滑的瓷砖或大理石，小块地毯也需慎用。如需使用，应选择具有防滑底且边缘固定的款式。

3. 安全浴室配置

浴室的湿滑环境是老人跌倒的高风险区域。因此，须确保地面干燥防滑，并配备安全扶手。若设有浴缸，其高度应低于膝盖，并配备防滑座椅。马桶、洗手台及浴缸旁也应安装牢固的扶手。

4. 家具摆放适宜

椅子不宜过低过软，并需配备扶手；床的高度应适中，与膝盖高度相当；衣柜高度应便于取物，无须垫脚；家具的尖锐部分应加装防撞条或海绵，确保安全。

三、防跌倒的综合措施

1. 保持身体健康

确保视力良好，及时治疗眼疾和慢性病，减少跌倒风险。

2. 使用助行工具

根据需要，选用适当的助行工具或寻求陪护支持。

3. 坚持适当运动

通过太极拳等锻炼增强肌肉力量和灵活性，减小跌倒的风险。

4. 个人穿着合适

选穿宽松合身衣物和防滑鞋，提高身体稳定性。

5. 改善家居环境

保持家中光线充足、通道畅通，使用防滑措施，设置扶手。

跌倒 高危人群

1. 年龄大于65岁的患者
2. 曾有跌倒病史者
3. 贫血或血压不稳定者
4. 意识障碍、失去定向感者
5. 肢体功能障碍者
6. 营养不良、虚弱、头晕者
7. 步态不稳者
8. 视力、听力较差、缺少照顾的患者
9. 服利尿药、泻药、镇静安眠药、降压药的患者

6. 注意环境安全

服药后避免独自外出，街上注意周围的环境和行人，避免走有积水和湿滑的

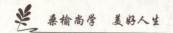
地方。

四、跌倒的自我保护

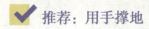 推荐：用手撑地　　　　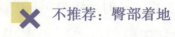 不推荐：臀部着地

1. 屈膝弯腰护膝

跌倒时，尽量屈膝弯腰，双手抱住膝盖，以减少头部和颈部受伤风险，同时分散冲击力。

2. 侧向跌倒滚翻

若侧向跌倒，尝试屈膝滚翻，双手护住头部和颈部，减小冲击力并维持平衡。

3. 双手始终护头颈

无论跌倒姿势如何，始终用双手护住头部和颈部，减少受伤风险。

4. 尽量保持平衡

用手臂支撑身体，避免手掌直接接触地面，

减少手腕和手臂受伤。

5. 跌倒缓慢起身

起身时，先用手臂支撑，再慢慢移至平衡位置，避免突然用力造成伤害。

五、跌倒的应急处理

1. 外伤出血的处理

（1）小伤口：碘伏消毒或贴创可贴。

（2）大伤口（静脉伤）：血流慢，消毒纱布包扎，服消炎药。老年人皮肤薄，建议及时就医。

（3）动脉伤：血流呈喷射状，加压包扎并紧急送医。

2. 扭伤的处理

扭伤紧急处理五个步骤：保护、休息、冷敷、压迫、抬高。

（1）保护：立即停止运动，避免进一步损伤。

（2）休息：避免使用受伤关节，减少活动以减轻负担。

（3）冷敷：局部冷敷，促进血管收缩，减轻出血与肿胀。

（4）压迫：冰敷时持续压迫30分钟，减少充血水肿。

（5）抬高：抬高伤肢，促进静脉回流，缓解肿胀。

小贴士

老人出现腰部扭伤，应当卧床休息，尽量不劳累过度或剧烈运动，否则会使疼痛现象更加严重。同时，外用涂抹活血化瘀或通经活络的药物进行治疗。

第四单元　预防烫伤我在行

烫伤不仅会带来身体上的疼痛，如果处理不当，还可能引发感染、留下疤痕，甚至对老年人的整体健康和生活质量造成严重影响。因此，预防烫伤对老年朋友来说尤为重要。

老人烫伤要预防，生活细节需留意。

热水壶边勿靠近，洗澡水温要适宜。

厨房操作需谨慎，灶台火焰要远离。

安全常识常宣传，健康生活乐无极。

一、老人烫伤的危险因素

1. 生理因素

老年人皮肤变薄，裸露部位尤为明显；毛细血管减少，体温调节能力下降；神经敏感度减弱，疼痛反应迟钝。

2. 病理因素

有糖尿病、脉管炎、脑血管疾病的老年人痛温觉减退，沐浴或泡脚水温易过高从而导致烫伤。

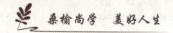

3. 环境因素

老年人黑色素减少，对有害射线的抵抗力降低，在烈日当空下暴晒，皮肤容易被晒伤。

4. 治疗因素

药物热疗不当易致烫伤。如使用烤灯等热疗仪器温度设置不当或距离调节不当，容易导致老年人治疗部位被烫伤。

5. 自理因素

老年人因生活自理能力减弱，使用取暖用品等易因操作不当造成烫伤。此外，躺在床上吸烟、酗酒等不良习惯也容易引起烫伤。

二、烫伤后的处理

1. 紧急处理操作

烫伤紧急处理通常有五个步骤：冲、脱、泡、盖、送。

冲　　脱　　泡　　盖　　送

具体方法：用大量的冷水冲烫伤的部位，小心地用剪刀剪开衣物，让烫伤部位一直泡在冷水中，用干净无菌纱布或者棉质布料遮盖住伤口，同时也需要及时到医院做检查和治疗。

2. 烫伤处理"四不能"

（1）勿直接脱衣：紧贴烫伤处衣物需小心剪开，避免加重伤害。

（2）勿用异物涂抹：牙膏、酱油、芦荟等不可用于烫伤部位，易引发感染。

（3）忌直接冰敷：直接冰敷可能导致冻伤，应避免使用。

（4）慎挑水疱：小水疱可保留，大水疱或易摩擦处需防破裂，以免扩大伤口。

三、生活中预防烫伤

1. 正确使用取暖设备

（1）使用电热毯时，睡前调至保温挡。

（2）热水袋水温不宜高，外裹布或置于毯子间，避免直接接触皮肤。

（3）使用金属和电子取暖器时，有封套的要使用封套，且不能紧贴皮肤。

（4）不要长时间地贴近暖气片等取暖设备。

2. 正确使用生活设施

（1）洗浴时，应先开冷水再开热水调节水温，用完则先关热水后关冷水。

（2）热水瓶应放在固定且不易触碰的地方。

（3）蚊香器具须置于安全处。

（4）食用热汤须确保温度适宜。

（5）使用家用电器须定期检查并确保其完好，避免局部潮湿导致电灼伤。

小 贴 士

　　烫伤者饮食要谨慎，只要禁口一些食物，不仅可以加速创伤的愈合，并且能对烫伤后所形成的疤痕起到一定的稳定作用，使疤痕更加容易治疗。烫伤后，忌食辛热助火之物，忌油炸煎烤食物，忌粗纤维和胀气之物，忌烟、酒、茶。

第五单元　体检报告可自查

　　众多老年人深知定期体检的重要性，但面对体检报告时却往往感到困惑。本单元梳理了相关知识，让体检报告不再成为老年人的"健康盲区"，让健康之路更加明晰。

　　　　老人自看体检单，健康变化在心间。

　　　　血压血糖常关注，肝肾功能勿等闲。

　　　　若有异常莫惊慌，及时就医心放宽。

　　　　生活规律勤锻炼，晚年幸福乐无边。

一、体检报告首页细看

医院的体检报告采用统一规范格式，首页设有"结论及建议"板块，详细列出异常指标并提出具体行动建议。对需进一步诊治的情况，会标注"建议就诊"并指明随访科室，便于患者选择就医方向。

收到体检报告后，务必认真阅读首页内容，其中不仅包含身体全面评估，还有数据的系统解读。体检报告会针对性地指出是否需专科诊治，并提供个性化的健康管理建议，帮助您维护身心健康。

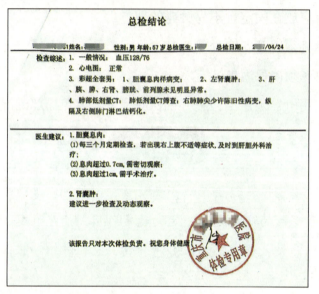

二、重点看"占位性病变"

在体检过程中，影像学筛查是常用的手段，主要包括 B 超和普通 CT 等。如果检查结果显示有占位性病变的存在，就需要引起特别关注。如果"包块形状不规则、边界模糊不清、质地不良"，这可能是病变的一个警示信号；如果包块导致了明显的症状，如疼痛或压迫感，就需要及时就医。

此外，应该仔细对比往年的体检结果，了解病变的动态变化，并采取相应的治疗措施。

三、抽血数据关键项目

1. 血脂检查

血脂检查项目主要看总胆固醇、甘油三酯、低密度脂蛋白胆固醇和高密度脂蛋白胆固醇。

（1）总胆固醇是血液中所有胆固醇含量的总和，过高或过低的总胆固醇都可能增加心血管疾病的风险。

1. 血脂4项 （共4项）

项目名称	检查结果	参考范围	单位	提示
总胆固醇 (CHOL)	4.87	0.00-5.20	mmol/L	
甘油三脂 (TG)	0.83	0.00-2.30	mmol/L	
低密度脂蛋白(LDL)	2.18	0.00-4.11	mmol/L	
高密度脂蛋白(HDL)	2.44	> 0.90	mmol/L	

小结：未见异常

检查者：■ ■ 检查时间：■■.■.■

（2）甘油三酯是血液中的一种脂肪成分。甘油三酯过高通常与不良的饮食习惯和生活方式有关，长此以往可能导致脂肪肝、肥胖等健康问题。

（3）低密度脂蛋白胆固醇称为"坏胆固醇"。它容易在血管壁上沉积，形成动脉粥样硬化斑块，从而堵塞血管，增加患心血管疾病的风险。

（4）高密度脂蛋白胆固醇称为"好胆固醇"。它能够将血管壁上的多余胆固醇运回肝脏进行代谢，从而降低心血管疾病的风险。其水平越高，说明心血管健康状况越好。

2. 血常规检查

血常规检查主要看白细胞、红细胞、血小板和血红蛋白。

（1）白细胞是血液中的免疫细胞。白细胞数量升高可能意味着身体正在对抗感染，而白细胞数量过低则可能表示免疫系统功能减弱。

（2）红细胞则是负责携带氧气的细胞。红细胞数量的减少或形态异常，都有可能是贫血的表现。

（3）血小板的数量和质量直接影响到身体的止血能力。血小板数量过低可能导致出血倾向，而血小板功能异常也可能引发凝血障碍。

（4）血红蛋白是红细胞内的一种含铁蛋白质，主要负责运输氧气。血红蛋白的含量与红细胞数量密切相关，也是评估贫血程度的重要指标。

8. 血细胞分析异常红细胞+异常白细胞 (共26项)

项目名称	检查结果	参考范围	单位	提示
红细胞(RBC)	4.18	3.8-5.1	10^12/L	
白细胞(WBC)	4.81	3.5-9.5	10^9/L	
淋巴细胞绝对值(LY#)	1.42	1.1-3.2	10^9/L	
中性粒细胞绝对值(GR#)	2.78	1.8-6.3	10^9/L	
血小板压积(PCT)	0.30	0.16-0.38	%	
单核细胞百分比(MO%)	4.30	3-10	%	
大型血小板比率(P-LCR)	19.00	19.1-47	%	L
平均红细胞血红蛋白含量(MCH)	29.70	27-34	pg	

项目名称	检查结果	参考范围	单位	提示
血红蛋白(HGB)	124.00	115-150	g/L	
白细胞形态	未见异常			
红细胞分布宽度变异系数(CV)	12.90	11.9-14.5	%	
红细胞分布宽度标准差(SD)	41.90	39-53.9	%	
嗜酸细胞百分比(E%)	7.40	0.4-8.0	%	
嗜碱细胞百分比(B%)	0.90	0-1	%	
嗜酸细胞绝对值(E#)	0.36	0.02-0.52	10^9/L	
嗜碱细胞绝对值(B#)	0.04	0-0.06	10^9/L	
红细胞形态	未见异常			
单核细胞绝对值(MXD#)	0.21	0.1-0.6	10^9/L	

项目名称	检查结果	参考范围	单位	提示
血小板(PLT)	333.00	125-350	10^9/L	
红细胞压积(HCT)	0.38	0.35-0.45	L/L	
中性粒细胞百分比(GR%)	57.90	40-75	%	
淋巴细胞百分比(LY%)	29.50	20-50	%	
红细胞平均体积(MCV)	90.70	82-100	fL	
平均红细胞血红蛋白浓度(MCHC)	328.00	316-354	g/L	
血小板分布宽度(PDW)	16.00	9.8-16.2	fL	
平均血小板体积(MPV)	9.00	9.4-	fL	L

小结: 大型血小板比率(P-LCR)偏低(19.00 %)平均血小板体积(MPV)偏低(9.00 fL)

检查者 ■ ■　检查时间 ■

3. 血糖检查

血糖检查是评估糖尿病病情和治疗效果的重要依据，主要看空腹血糖值和餐后血糖值。

2. 血糖 (共1项)

项目名称	检查结果	参考范围	单位	提示
葡萄糖(GLU)	4.79	3.90-6.10	mmol/L	

小结: 未见异常

检查者: ■ ■ ■　检查时间: ■ ■

（1）空腹血糖值是指在未进食至少 8 小时后测量的血糖水平。正常的空腹血糖值通常应在 3.9~6.1 mmol/L，若持续高于 7.0 mmol/L。则可能患有糖尿病。

（2）餐后血糖值是指进食后两小时测量的血糖水平。正常餐后血糖值应低于 7.8 mmol/L。若餐后血糖值偏高，可能提示糖耐量异常或糖尿病。

4. 肝功能检查

肝功能检查项目对评估肝脏的健康状态具有重要意义。其中，丙氨酸氨基转移酶（谷丙转氨酶）和天门冬氨酸氨基转移酶（谷草转氨酶）是两项重要的酶类指标。

（1）丙氨酸氨基转移酶在肝细胞受损时会释放入血，其水平升高可作为肝脏受损的敏感指标，高水平可能提示肝炎、脂肪肝、肝硬化等肝病。

5. 肝功8项 (共9项)

项目名称	检查结果	参考范围	单位	提示				
谷丙转氨酶 (ALT)	12.00	7.00-40.00	U/L		总胆汁酸 (TBA)	1.70	0.00-12.00	umol/L
谷草转氨酶 (AST)	16.00	13.00-35.00	U/L		总胆红素 (TBIL)	13.44	2.00-20.00	umol/L
总蛋白(T PROT)	76.20	65.00-85.00	g/L		单胺氧化酶 (MAO)	5.40	0.00-11.00	U/L
白蛋白 (ALB)	46.20	40.00-55.00	g/L		腺苷脱氨酶 (ADA)	6.00	4.00-18.00	U/L
球蛋白 (GLB)	30.00	20.00-40.00	g/L		小结: 未见异常			

检查者： 检查时间：

（2）天门冬氨酸氨基转移酶虽主要存在于心肌，但肝脏受损时也会释放入血，其水平升高与肝病严重程度相关，但需注意心肌受损也可能导致其升高。

（3）血清胆红素是肝功能的关键指标，其升高可能表明肝脏在处理胆红素上存在问题，如胆道梗阻、肝炎或肝硬化等，溶血性疾病也可能导致升高。

小贴士

血压指血液在血管内流动时作用于单位面积血管壁的侧压力，血压正常代表人体心脏和血管都处于正常运转状态。新国际标准重新划分了血压值，将高血压分级，可以分为三个等级。

类别	收缩压/mmHg	舒张压/mmHg
正常血压	<120	< 80
正常高值	120~139	80~89
高血压	≥140	≥90
一级高血压（轻）	140~159	90~99
二级高血压（中）	160~179	100~109
三级高血压（重）	≥180	≥110

老年人控制每天睡眠 6～7 小时，午睡约 30 分钟。睡前保持情绪稳定，避免刺激性饮料与娱乐内容，不进行剧烈运动。营造安静、清洁、舒适的居室环境，保持适宜温度。建议睡前温水泡脚，调整枕头高低，选择正确睡姿，以右侧卧位为宜。腰疼或关节痛者，需确保睡眠环境和状态舒适放松。

项目五

数字生活·用好手机多便利

对于老年人而言，智能手机不仅是便捷的通信工具，更是增添生活色彩、享受现代便利的重要媒介。帮助老年人适应并享受智能手机带来的便利，既是时代的召唤，也是对他们晚年生活质量的关心与提升。

本项目分为五个单元，深入剖析智能手机助老作用：数字社交单元聚焦微信使用，助老拉近亲友距离；数字就医单元指导手机挂号、网络就诊，简化就医流程；数字购物单元以淘宝为例，展示全球购物便利；数字出行单元介绍导航软件，助老判断方位；数字团购单元推介美团等软件，享美食、生鲜及药品便捷与实惠。

通过本项目的学习，期望老年朋友们能够更加熟练地运用智能手机，充分享受科技带来的便利和乐趣，让生活变得更加丰富多彩。

 相关链接

　　智能手机为老年人带来了诸多便利，极大地丰富了他们的晚年生活。借助智能手机，老年人可以随时随地与亲友保持联系，分享生活点滴，增强家庭凝聚力。同时，手机也提供了丰富的娱乐内容，让老年人能够欣赏影视、阅读新闻、学习新知识。此外，智能手机还助力老年人管理健康，监测身体状况，获取健康建议。在日常生活中，手机更是成为老年人的得力助手，方便购物、支付及预约各项服务。这些功能使得老年人在享受数字生活的同时，感受到更多便利与乐趣。

第一单元　数字社交

数字社交在现代人的生活中扮演着举足轻重的角色，其中以微信为代表的社交平台更是不可或缺的一部分。微信凭借其强大的社交功能和庞大的用户基础，构筑了一个便捷且实时的数字交流空间，使人们能够随时随地与亲朋好友保持联系，分享生活的点点滴滴。通过这个平台，人们可以跨越地理障碍，实现即时沟通和互动，进一步加深彼此之间的情感纽带。因此，对于老年人来说，掌握微信等数字社交技能已经是一项基本的生活技能。

> 数字社交显奇功，微信平台不可空。
>
> 即时通信无障碍，亲朋联系任西东。
>
> 生活点滴齐分享，情感纽带日渐浓。
>
> 老年亦需学此技，生活便捷乐无穷。

一、微信聊天

微信作为现代社交的重要工具，其基本功能——信息交流，通过文字、图片、语音、视频、文档等多种形式，实现了人们之间实时、多样的沟通。特别是朋友圈功能，不仅拓宽了社交的广度，更丰富了社交的层次和体验。

对于老年人而言，掌握一些简单的微信聊天技巧，不仅能让他们与亲友的交流更加便捷，而且能让他们更好地融入数字时代，享受科技带来的社交乐趣。通过微信，老年人可以随时随地与远方的子女、孙辈保持联系，分享生活的点滴，感受亲情的温暖。

1. 发送信息

（1）对讲通话：打开好友页面→点击"按住说话"→松手后自动发送，实现对讲功能。

（2）语音和视频：打开好友页面→点击输入栏右侧"+"位置→点击"视频通话"→选择语音通话或视频通话。

如果选择"语音通话"，就像打电话一样进行交流；如果选择"视频通话"，就能看见对方。听不清的老年人可开启扬声器，从而接收到更大音量的语音信息。

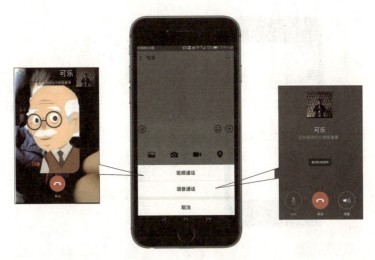

（3）发送图片：打开好友界面→点击右下角"+"号→选择"相册"或"拍摄"→如果选择"相册"，进入图片选择界面，直接点击需要发送的图片；如果想要发送原图，可在图片预览界面选择"原图"选项。

2. 撤回聊天

（1）进入与好友聊天界面。

（2）找到发错的消息。

（3）长按需要撤回的消息。

（4）点击"撤回"，即可撤回该条消息。

常规消息 2 分钟内可以撤回，如文字、语音、表情包、图片等；文件 3 小时内可撤回，如 Word、Excel 等。

3. 查找聊天记录

（1）进入需要查找聊天记录的好友或群聊的聊天界面。

（2）点击右上方的"…"。

（3）点击"查找聊天记录"。

（4）在搜索框内输入要查找的内容进行搜索即可。

4. 语音转文字

步骤：点击好友界面→长按语音对话条→点击"转文字"→转换为文字。

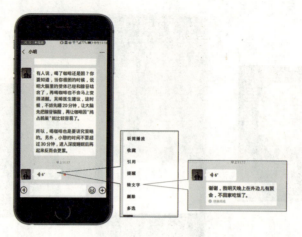

5. 查看好友朋友圈

（1）点击"发现"，如果有红色点，则表明朋友圈有更新；如果显示数字，则表明有评论或点赞。

（2）点击"朋友圈"。

（3）查看内容或回复。

二、微信支付

微信常用的支付方式主要有银行卡支付、零钱支付和零钱通支付等。常用的支付方法有展示付款码支付和扫描二维码支付。

1. 展示付款码支付

步骤：点击"我"→点击"服务"→点击"收付款"→向商家展示付款码（商家扫描付款码）→输入密码，完成支付。

2. 扫描二维码支付

步骤：点击微信主界面右上角的"+"→点击"扫一扫"，扫描商家收款二维码→输入需支付的金额→输入支付密码，即可完成支付。

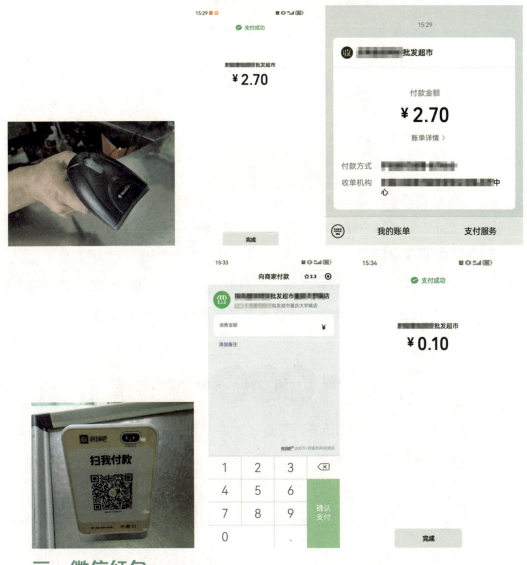

三、微信红包

1. 给好友发红包

步骤：进入朋友聊天页面→点击"+"→点击"红包"→输入红包金额，填写红包说明或祝福语→点击"塞钱进红包"→输入支付密码，红包发送成功。

2. 给群中朋友发红包

步骤：进入群聊天界面→点击"+"→点击"红包"→填写红包个数，输入红包总金额，填写红包说明或祝福语→点击"塞钱进红包"→输入支付密码，群红包发送成功。

小 贴 士

一般情况下，微信红包上限为200元，单个红包不得低于0.01元，单日的红包发放总额不得超过20万元。老年人在微信绑定的银行卡，尽量不开通网上支付业务，避免被不法分子金融诈骗造成巨额损失。

第二单元 数字就医

数字就医服务在应对社会人口老龄化、满足老年人就医需求方面发挥着越来越重要的作用。其目标是通过一系列创新举措，为老年人提供更加便捷、高效、安全的医疗服务。数字就医服务还注重提供辅助功能，如健康档案管理、用药提醒、慢性病管理等。这些功能有助于老年人更好地管理自己的健康状况，预防和控制疾病。

数字就医暖人心，老年需求首当遵。

创新服务施良策，便捷高效安全深。

健康管理功能备，用药提醒档案存。

慢性病管重预防，康健长寿乐欢欣。

一、网络挂号与缴费

目前，许多医院就医平台已开通网上挂号、查看检查报告以及网络缴费等功能。各个医院数字就医平台的端口设计不尽相同，以下以"西南医院微服务"为例进行介绍。

1. 预约挂号

患者只需登录医院的官方网站或移动应用 App，选择就诊科室、医生和就诊时间，填写个人信息并提交挂号申请，系统会自动为患者分配就诊号码和就诊时间。

步骤：在微信上搜索"西南医院"（请准确输入您期望就诊医院的名称）→关注该医院官方公众号→点击便民服务→点击预约挂号缴费→进入微官网界面，根据需求点击预约挂号或者当天挂号→选择相应科室、医生和时间。

2. 网上缴费

待到就诊以后，系统将直接计算费用，重复挂号步骤则可以进入缴费界面，直接点击"缴费"即可。在该界面还有查看取药、检查、报告等相应信息。

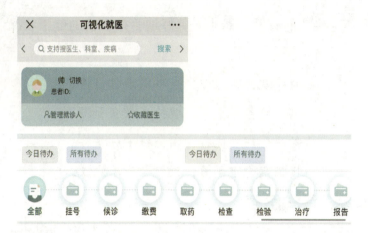

二、云端问诊

医生"云端"坐诊，患者家中看病。

步骤：在微信"我"找到服务界面→点击"医疗健康"→点击"问医生"→选择相应科室和医生→选择咨询方式。

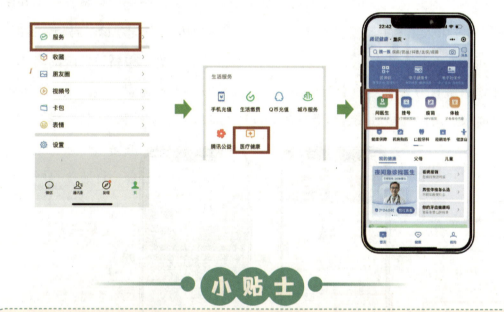

小 贴 士

　　云端问诊具有诸多便利，使得患者能够突破地域限制，随时随地与医生进行沟通，获取初步的医疗建议和指导，但仍需要理性看待其局限性。对于一些需要详细身体检查和面对面交流的疾病，患者仍应前往医院接受面诊。同时，医生和患者也应充分利用云端问诊的优势，将其作为一种辅助手段，为传统医疗服务提供有益的补充。

第三单元　数字购物

数字购物正以其独特的便捷性和丰富的选择性，逐渐融入老年人的生活。然而，在享受这一新型购物方式带来的便利时，老年朋友们还需谨慎对待安全问题。选择具有良好信誉的购物平台，并优先使用安全可靠的支付方式，以保障个人信息和资金安全，避免上当受骗。

　　　　数字购物惠老年，便捷丰富选择添。

　　　　信誉平台宜首选，支付安全要当先。

　　　　诈骗网络须防范，个人资金保安全。

　　　　权益维护需谨记，晚年生活乐无边。

一、网上购物品类多

网购已成为国人重要的购物渠道，淘宝、京东、拼多多等是国内常见的网购平台。这些平台具备严格的卖家审核机制，确保商品质量与服务信誉。选择购物网站时，建议事先了解其规则与流程，以优化购物体验。下面以淘宝为例。

（一）输入商品信息

在淘宝首页，输入如"太极拳练功服"等商品名称，即可快速浏览相关商品目录，方便挑选所需商品。

（二）选择商品

淘宝卖家众多，产品品类丰富。要选满意的产品，可在界面第三排的信息筛选栏中，根据系统默认的综合排序或其他条件进行筛选。

1. 综合排序

淘宝购物时，面对众多卖家和产品，可在综合排序界面根据系统推荐、卖家等级、价格降序或升序来筛选出满意的产品，便捷挑选心仪之物。

2. 销量排序

销量排序是指该款商品在本平台中销售量越高越靠前。一般情况下，销售量高的商品受到更多人的信任，性价比相对较高。

3. 筛选

（1）折扣与服务：淘宝商品带有"天猫""包邮""折扣"等标签，便于快速定位特定需求的商品。点击"筛选"按钮，可快速"筛选"出带有"折扣"等特定标签的商品。

（2）价格区间：通过设置期望的价格范围，如 100~200 元，系统可快速筛选该区间内的商品，节省选择时间。

（3）发货地：选择特定发货地，如购买重庆火锅底料时选择重庆发货，有助于提高商品的可信度。

二、商品结算

1. 选中商品

（1）收藏商品：指对这个商品感兴趣，但不一定想买。

（2）购物车：在同一家店或多家店，看上要买的宝贝可加入购物车，直接结算。

（3）立即购买：表示已经确定要购买该件商品。

2. 购买结算

进入"立即购买"界面，会出现价格、地址、分类、型号、数量（付款方式）等选项。尤其要注意以下 3 点。

（1）地址：一定填写正确的地址和电话，便于快递公司配送。

（2）分类与型号：同一商品链接中可能有多个型号与款式，下单前要仔细核对尺寸、样式和型号，确保无误后再进行购买。

（3）数量与付款方式：网购时，系统默认购买数量通常为"1"。如需购买多件，务必修改数量。确保数量无误并选择合适的支付方式，让购物更便捷。

三、收货和退款

1. 收到货满意

收到货满意时，可在 App 的订单管理页面点击"确认收货"。随后，系统提示评价商品，用户可填写满意度和使用心得，这对其他买家是重要参考，建议认真评价。未操作则系统将自动确认收货。

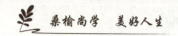
若对购买商品满意，可关注该店铺和卖家。只需点击店铺或卖家头像，进入其页面并点击"关注"按钮。关注后，将更便捷地找到该店铺和卖家，并第一时间获取新品和促销信息。

2. 收到货不满意

若收到货后尺码不符或不符合预期，可按以下步骤退货退款：

（1）在订单管理页面找到相应订单，点击"联系卖家"按钮。

（2）向卖家说明不满意原因，并咨询退换货或退款方案。

（3）若与卖家协商无果，可在 App 订单管理页面找到对应订单，点击"申请退换货／退款"按钮，填写原因和数量等信息后提交申请。

小 贴 士

网上购物被骗时，最有效的报案方式是拨打 110 报警。报案时，要提供详尽证据，如转账记录、聊天记录、商品照片等，便于警方高效处理。务必通过官方渠道报案，防范信息泄露，确保财产安全。

第四单元　数字出行

老年人在陌生地方出行常感迷茫，高德地图、百度地图、腾讯地图等导航软件，凭借其精准的定位和强大的功能，为老年人提供了极大便利。这些软件可以实现全天候、高精度的导航，还能提供实时公交查询、路线时长预测、周边商店推荐等多项服务，让老年人的出行更加便捷和安心。本单元以高德地图为例进行介绍。

老年出行易迷茫，导航软件助徜徉。

高德百度腾讯好，精准定位指方向。

北斗卫星全天候，高精导航无遮挡。

公交查询路线明，周边商店任君访。

一、确认当前位置

（1）打开高德地图 App，便可看到清晰的地图展示。

（2）点击屏幕右下角的定位按钮，高德地图会迅速确定所在的当前位置，并在地图上标注。

（3）输入目的地名称或地址，高德地图会为用户展示相关地点信息，并规划最佳路线，包括多种出行方式选择。

二、查看公交线路

（1）在地图界面点击"路线"按钮，选择"公交地铁"作为出行方式，并输入目的地。高德地图会展示相关的公交车线路、时刻表、发车时间、到达时间及票价等信息。同时，还可以根据需求选择优先方式，如步行少、地铁优先、换乘少、时间短等。

（2）在公交路线规划界面，输入目的地名称或地址后，高德地图会立刻显示相关公交车线路和时刻表。只需轻轻点击，即可查看每辆公交车的发车时间、到达时间以及票价等详细信息，轻松规划行程。

（3）如需前往公交车站，高德地图同样提供便捷的导航服务。在路线规划界面，只需点击"导航"按钮，按照提示操作，即可轻松抵达目的公交车站，省时省力又方便。

高德地图公交出行还可以选择出行时间，可以有效预估出行时长。

三、导航软件的便利功能

1.POI（兴趣点）信息查找

在地图界面，点击"周边"按钮，可查找附近的餐厅、加油站、商场等各类场所，并查看详细的评价和介绍。

2. 语音助手功能

用户可以通过语音指令进行导航、查询信息等操作。同时，语音助手还能根据用户的喜好和习惯，提供个性化的出行建议。

四、网络打车

1. 确定出发地和目的地

进入主界面后，系统会自动定位当前位置，也可以手动输入或调整出发地和目的地的地址。

2. 选择车型

根据需求选择合适的车型，如快车、专车等。

3. 呼叫车辆

确认好出发地和目的地后，点击"呼叫快车"或其他相应按钮，等待司机接单。

4. 联系司机

若有需要，可通过应用内的联系方式与司机沟通，如确定具体上车位置等。

5. 上车

司机到达后，确认车牌号无误后再上车。

6. 支付车费

到达目的地后，根据手机上的提示支付车费，可以选择在线支付或现金支付。

7. 评价司机

支付完成后，可对司机的服务进行评价。

小贴士

老年人正确运用数字出行方式可以带来很多便利，但也要注意安全和隐私保护。通过选择合适的出行方式、使用出行App、规划路线等方法，可以更好地享受数字出行带来的好处。

第五单元 数字团购

数字团购是一种新型购物模式，通过互联网平台将众多消费者的购买需求汇聚一堂。这种模式不仅为消费者带来了更低的价格、更优质的服务，还为老年人提供了便捷的消费体验。

老人数字团购潮，美团优选好处多。

美食生鲜药品购，一键下单送到家。

价格实惠品质好，省时省力乐哈哈。

智慧生活新体验，晚年幸福乐逍遥。

一、团购平台

目前，市场上有许多团购平台，涵盖吃喝玩乐等多个领域，为消费者提供了丰富的选择和便捷的购物体验。这些平台通过聚合大量消费者的购买需求，与商家进行深度合作，以更低的价格和优质的服务吸引消费者。

在众多团购平台中，美团、大众点评等老牌平台凭借多年的积累和品牌影响力，依然占据着市场的领先地位。它们不仅拥有庞大的用户群体和商家资源，还通过不断创新和优化服务，提升用户体验，满足消费者日益增长的多样化的需求。与此同时，一些新兴的团购平台也在市场中崭露头角。目前，常见的团购平台如下：

（1）美团：涵盖美食、酒店、电影、休闲娱乐等多种品类。

（2）大众点评：提供商家信息、用户评价和团购优惠。

（3）拼多多：以团体购买的方式提供各类商品的优惠。

（4）百度糯米：包括餐饮、娱乐、电影等方面的团购。

（5）饿了么：主要提供外卖团购服务。

（6）口碑：与线下商家合作，提供优惠团购活动。

（7）京东到家：提供生鲜、超市等商品的团购服务。

（8）淘票票：专注于电影票的团购。

二、团购美食

1. 浏览美食

打开美团 App 或访问其官方网站。在首页，可以看到各种美食团购的推荐，再根据自己的口味和需求，浏览不同的美食分类或搜索特定的商家或菜品。

2. 查看信息

找到心仪的美食后，点击进入详情页面。在这里，可以看到菜品的详细介绍、价格、用户评价等信息，再根据自己的需求进行选择。

3. 确认与支付

点击"立即购买"或类似的按钮，进入订单确认页面。此时，需要选择购买数量、使用优惠券（如果有的话）等，并确认订单的总价。在确认无误后，选择支付方式并完成支付。

4. 使用订单

到达餐厅或取餐地点，出示订单信息给服务员或工作人员，他们会为用户提供相应的菜品。有些商家还提供配送服务，可以根据自己的需求选择是否使用。

三、美团买药

1. 搜索药品

打开美团 App，浏览至首页，找到并点击"医药"频道进入医药专区。在此专区，可以搜索药品或浏览热门、常用分类。

2. 查看相关信息

找到所需药品后，查看详细信息、规格、价格，并阅读药品说明和用药指南。

3. 确认与支付

确认无误后，点击"购买"按钮，进入订单页面选择购买数量并完成支付，即可等待药品送达。

四、美团优选买菜

1. 选择菜品

打开美团 App，找到"美团优选"入口，点击进入。在优选页面，浏览各类新鲜蔬菜、水果及日常食材。

2. 购物结算

选择心仪的菜品，点击"加入购物车"，选购完成后，前往"购物车"结算。选择方便的提货点，并支付订单。

3. 等待提货

支付成功后，等待商品送达指定提货点，再前往提货即可。

谨防低价陷阱，理性看待打折是消费者必须具备的消费理念。购买商品时，除了价格外，还应关注商品的质量、性能、口碑等。同时，也可以通过比较不同商家的价格、服务等信息，来做出更为明智的购买决策，享受到真正的购物乐趣。

走进生活

随着网络功能的完善与应用软件的优化，老年人的数字体验日益丰富。《光明日报》报道，"银发族"正积极融入数字社会，享受数字生活带来的便捷。他们熟练使用智能手机浏览新闻、观看节目、娱乐休闲、玩转短视频，海量信息触手可及。同时，借助微信、QQ等社交工具，与亲朋好友保持紧密联系。网上缴费、电子支付也逐渐被老年人接纳。

　　然而，仍有部分老人未拥有智能手机或无法充分利用其功能，面临使用困难，如不会预约挂号、打网约车等，影响生活质量。因此，社会各界需关注老年人的数字需求，加强数字素养教育，助其融入数字社会。同时，期盼能早日开发出更多适合老年人的数字产品与服务，让更多老年人尽享数字便捷。

项目六

手工创意·丰富多彩创意多

　　手工艺术以多种材料为媒介，运用多种手工技能，旨在丰富老年人的生活，促进交流互动，提升认知与身体协调性，并缓解压力与焦虑。

　　本项目结合老年人的心理和身体特点，设计了五个单元内容，涵盖扭扭棒、黏土、布艺、棉绳及废旧材料相关内容。所选材料均来自日常生活，易得易用，成品美观实用，对美化生活具有积极意义。

 相关链接

　　老年人可根据兴趣和能力选择适合自己的手工艺术活动，既丰富生活，又保持身心活力。

　　"手绘艺术"能让老年人用画笔表达情感和想法；"刺绣"则能制作出精美的装饰品，点缀家居；"手工编织"可锻炼手部灵活度，享受制作乐趣；"陶艺"能让老年人发挥创意，塑造出独特作品；"剪纸"可用于装饰，增添节日氛围；"木工"能锻炼手脑协调性，制作出实用的木质家具；"手工皮具制作"则让老年人体验皮艺魅力。这些手工艺术活动既愉悦心灵，又锻炼身体，是老年人理想的休闲方式。

第一单元 百变扭棒柿如意

扭扭棒也称毛根，是一种操作性、变化性及塑造性都比较强的手工制作材料。它的外面是毛茸茸的绒毛，绒毛里面包裹着细细的铁丝。扭扭棒有各种各样的颜色，可以随意弯曲，并且能用剪刀剪，很适合老年人手工操作。

> 百变扭棒柿如意，巧手翻飞化神奇。
>
> 红黄青紫随心变，形态各异惹人迷。
>
> 寓意吉祥福寿至，祈求如意事事齐。
>
> 扭棒妙用无穷尽，创意无限乐不疲。

一、彩色百变扭扭棒

扭扭棒能造型出很多有意思的手工作品。在整个制作过程中，动手又动脑，提高了观察能力和思考能力。其不仅益智、开拓思维，提高审美水平，还能带来欢乐，有效预防阿尔茨海默病。

扭扭棒的规格较多，下面介绍五种常见的扭扭棒。

（1）6 mm 扭扭棒。这是最常见的一款扭扭棒，其直径为 6 mm。它相对于羊毛扭扭棒，颜色更鲜艳，价格更实惠，最适合新手的创作。

（2）8 mm 扭扭棒。这款扭扭棒比较粗，其直径为 8mm，毛较长，一般用于制作毛茸茸的可爱作品，作为局部点缀，以达到更立体的效果。

（3）波浪纹扭扭棒。这款扭扭棒因形状的特殊性，常用于制作花朵、树叶和爱心等作品。

（4）金葱扭扭棒。这款扭扭棒的材质为亮丝和金属丝，颜色较少。但因材质的特殊性，通常用于节日类作品的制作，如圣诞树装饰等。

（5）羊毛扭扭棒。这款扭扭棒的材质为羊毛和金属丝，颜色较柔和，密度较大，价格相对于普通扭扭棒更贵一些。羊毛扭扭棒通常用于小动物的制作。

二、事事如意"柿"如意

作品"柿子果树"以其独特的艺术魅力，传递着"柿柿如意"的美好寓意，寓意着事事如意、万事胜意、心想事成。这幅作品不仅象征着长寿，更预示着财富的来临，为节日增添了浓厚的祝福氛围。在家中摆放一件"柿子果树"作品，不仅能够增添装饰美感，让空间焕发出勃勃生机，还能让人在欣赏的同时感受到满满的幸福与温馨。这件作品无疑是集美好寓意与装饰价值于一体的艺术品，值得珍藏与品味。

三、巧手施展大智慧

1. 材料工具准备

需要准备橙色和棕色扭扭棒数根及花杆、棉线数根。此外，还需要准备棕色花艺胶带、剪刀、热熔胶枪。

2. 制作步骤

将扭扭棒裁剪成与柿子长度相匹配的等长两段。随后，将其中一段扭扭棒细致地环绕在柿子的底部，确保柿子稳固地固定在位置上。紧接着，将另一段扭扭棒分割成若干短小的部分，并逐一粘贴在柿子的表面，用以模拟柿子独特的纹理。为了使整体效果更为自然逼真，使用剪刀精心修剪扭扭棒的末端，使其看起来更加生动。

若希望柿子更加引人入胜，不妨增添一些装饰元素。例如，运用彩笔为柿子添上鲜艳的色彩，或点缀上小珠子与小贴纸，为细节增添一抹精致。另外，还可以在柿子的顶部插入一根小巧的竹签。这样不仅方便手持，还能为作品增添一丝趣味性。经过一番巧手装点，柿子将会焕发出别样的魅力，成为一件令人赏心悦目的艺术品。

（1）柿子果瓣：取四根橙色扭扭棒对半剪开，四根一半的扭扭棒在中间旋转两圈，然后对折折叠，根部用棉线固定，调整形状至果瓣形状。以此类推，做成四个同样的果瓣。

（2）柿子果：两个果瓣侧面用胶枪粘贴在一起，以此方法将四个果瓣粘贴在一起，调整成柿子果。

（3）柿子果蒂：取半根棕色扭扭棒对折，长短边相差 2 厘米，在距离对折处 2 厘米位置旋转一圈，再对折，再旋转一圈，长的一头从中间拉出来后两根尾巴旋转固定，最后调整成图片中的形状。用此方法制作四个，再用胶枪粘贴一起，柿子果蒂就完成了。

（4）柿子果枝：取半根棕色扭扭棒对折，长短边相差 2 厘米。直接用胶枪粘贴在果蒂下面，长的一截围绕短的那截缠绕数圈。

（5）枝丫和叶子：剪几根 3~5 厘米不等的棕色扭扭棒，用花艺胶带缠绕完成枝丫；剪几根 6~7 厘米不等的棕色扭扭棒对折、旋转、固定、调整成叶子。

（6）柿子果树：取一根花秆从上到下开始缠绕花艺胶带，将枝丫、叶子和柿子果缠绕在花秆上。可根据个人喜好在一根花秆上缠绕一个或多个柿子果，一次完成七支或更多支柿子果树。

（7）可根据个人审美和爱好进行不同支数柿子果树插瓶。

四、制作手工技法

1. 选择材料

制作扭扭棒柿子时，选择合适的材料非常重要。首先，要选择质地柔软、易于弯曲的扭扭棒，才能够更好地模拟柿子的形态。其次，要选择大小适中的水果作为模型，可以更好地掌握制作技巧。最后，要选择易于使用的胶水和剪刀，可以更加方便地进行制作。

2. 扭扭棒的弯曲度

制作扭扭棒柿子时，要注意扭扭棒的弯曲度。要将扭扭棒弯曲成与柿子表面相似的纹理，才能够更好地模拟柿子的形态。因此，选择扭扭棒时，要选择质地柔软、易于弯曲的材料，同时在制作过程中要注意控制扭扭棒的弯曲度，使纹理更加逼真。

3. 色彩搭配

制作时，要注意色彩搭配。如果想有更加逼真的效果，可以尝试使用与柿子颜色相似的扭扭棒或者使用彩色笔进行染色。同时，在制作过程中要注意色彩的搭配和协调，使整个作品更加美观。

（1）操作时，请务必小心谨慎。由于扭扭棒内部包含细铁丝，建议在操作前戴上手套或采取其他保护措施，确保安全。

（2）使用热熔胶枪时，需特别注意用电安全。在操作过程中，建议佩戴防护手套，并保持枪口与手部的一定距离。此外，使用完毕后，务必及时关闭电源。

第二单元　黏土揉捏愈心灵

超轻黏土简称超轻土，是一种新型的胶态无光泽且带有黏性的手工造型材料。它广泛用于工业、模型制造和艺术领域，用于制作各类模型。超轻黏土属于一种纸黏土，因其超轻的特性、环保无毒的材质、不粘手的质感以及自然风干的便利性，

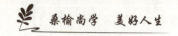

备受青睐。这种材料保存时间长，捏塑起来不仅容易，而且手感舒适，尤其适合进行各种创意造型。

> 黏土揉捏愈心灵，巧手匠心塑新形。
>
> 色彩斑斓映眼帘，形态各异展真情。
>
> 揉捏之间心自静，忘却尘世烦恼轻。
>
> 晚年生活添乐趣，心灵手巧乐盈盈。

一、超轻黏土易捏塑

超轻黏土制作的作品通常都非常可爱，相较于橡皮泥的油腻感和刺激性气味，它更为清爽宜人。与此同时，超轻黏土也不像软陶那样需要高超的技巧才能制作出优秀作品。它更适合各种水平的创作者使用，属于易上手且富有创作空间的材料。

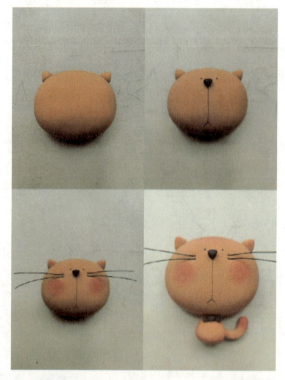

二、创意揉捏超轻黏土

对于老年人来说，柔软且有弹性的黏土材料具有独特的魅力。老年人全身心地投入到黏土作品的创作中，揉捏出形态各异的植物和花朵。这一过程不仅能够锻炼他们的手部精细动作，更能在完成作品的同时，带给他们心灵的治愈与满足，从而享受到老有所学、老有所乐的美好生活。

三、巧手施展大智慧

1. 材料工具准备

材料工具包括 24 色超轻黏土、制作工具、铅笔、手工胶或热熔胶枪、20 厘米 ×30 厘米木画框等。

2. 制作步骤

（1）用铅笔在木画框里大致勾画出想要做成的造型。

（2）运用工具和揉捏技巧，做各种造型的单个植物。

（3）将做好的植物，用手工胶按层次组合粘贴到木画框内，注意按从下往上、从内到外的层次进行粘贴。

（4）调整完成。

简单勾画
需要完成
的造型

四、制作手工技法

1. 划线造型

一般来说，以卡纸或木板为底，以黏土作底色平铺。

2. 色彩的混合方法

两种以上不同颜色的黏土搭配到一起，即可调配出一种新的颜色。因此，可根据具体需要自行调节黏土的搭配比例，调配出自己喜爱的彩色黏土。

3. 制作不规则条纹

制作不规则条纹是将两种以上不同颜色的黏土按同样长度叠加在一起，再将其拉伸、折叠、再拉伸、再折叠，反复几次，形成色彩相同的条纹状。

4. 基本形状制作

（1）圆球状。用手掌反复揉搓成圆球状。揉搓时，应使黏土均匀受力。可以说，圆球状几乎是所有黏土制品的起点。

（2）水滴状。先将黏土揉成圆球状，再将两个手掌相合，呈"V"字形，将圆球夹在手掌之间反复揉搓。由于揉搓角度不同，有时会揉出圆圆的小水滴，有时会揉出细长的小水滴。

（3）梭形。制作出水滴造型后，用同样方法调换黏土在手中的受力部位，再次用手掌反复揉搓。

（4）细长条状。先将黏土揉成圆球状，再放在平整桌面上，利用手掌反复揉搓，使圆球逐渐展开成为条状。揉搓时，如果手指用力过度，很可能会使黏土变得粗细不一、凹凸不平。因此，最好用手掌进行揉搓。

小 贴 士

　　黏土手工制作是一种很有趣和创意的艺术表达方式。它可以激发老年人的想象力和动手能力，但同时也需要一些注意事项来确保安全和顺利完成作品。例如，制作时，在空气流通的地方进行操作；确保工作区域干净整洁，避免不必要的混乱和把黏土弄脏；使用黏土后要洗手，避免误食黏土对身体造成伤害。

第三单元　巧缝布艺香草包

　　古代女子常以贴身香囊作为传情信物。香包狭义上指填充芳香中药材粉末、外表绣有图案的工艺品，因形状似包且散发香气而得名。广义上，香包既包括实体型，也涵盖无填充料的刺绣工艺品。

老人巧缝布艺包，香草为馅手艺高。

针线穿梭织锦绣，布片拼接成良包。

清香四溢驱蚊虫，美观实用心自豪。

晚年生活添乐趣，巧手匠心乐逍遥。

一、香包起源说法多

香包是古代中国劳动妇女创造的一种民间刺绣工艺品。香包有很多称呼，如香草包、容臭、香袋、香囊、香缨、佩帏，今人也称香包为荷包。

香包起源有多种说法：一是，古人野外住宿时用树叶包裹中草药防毒虫，后演变为布或丝绸制品，成为装饰和吉祥物；二是，古时作为军事机密和书信传递的"锦囊"，如诸葛亮给赵云的"锦囊妙计"；三是，未婚女子抛给意中人以定情的物品，内含香草，具有除秽避邪的功效。

二、丰富多样香草包

香包技艺的核心特色在于其丰富多样的内容。香包作品囊括花卉、动物、人物乃至故事情节。每个作品都承载着美好的寓意，主题鲜明且主辅元素相得益彰。

"戴个香草袋，不怕五虫害。"近年来，手工香囊也掀起一股复古风，摆放家中，挂于车内，能起到一定安抚和放松作用。

本单元介绍的香草包是根据中国传统的香囊加以改造的，绸布改用了棉麻布，不易挂丝，更容易散发香气。内采用薰衣草作为香料，薰衣草香气清新宜人，能

帮助舒缓紧张情绪，缓解疲劳和压力，对睡眠不佳的老年人会有一定改善作用。

香包外形选用柿子造型，也如前面学习到的柿子果树一样寓意美好，具有一定装饰性和实用性。

三、巧手施展大智慧

1. 材料工具准备

材料工具包括橙色、军绿色、棕色棉麻布料，填充棉，薰衣草袋，记号笔，橙色、绿色、棕色棉线，缝衣针，棕色牛皮绳，棕色抽绳，棕色拉线，两颗红色珠子，直径约 3 厘米的棕色纽扣，三角板，剪刀。

2. 制作步骤

（1）裁剪布片。橙色 4 片，花瓣形状，平口 4 厘米；绿色 8 片，短花瓣形状，平口 4.3 厘米；棕色两片，4.5 厘米 ×8.6 厘米。

（2）缝制布片。叶子：两片绿色布叠在一起，沿边缘 0.5 厘米的位置左右两边，平口不缝留反口；果子：两片橙色布叠在一起沿边缘 0.5 厘米的位置缝左边一个边，其他边先不缝。

（3）果和叶子翻面：把缝好的两瓣橙色对在一起沿边缘 0.5 厘米的位置缝好，平口不缝留反口，注意中间交叠部分对整齐。通过反口，把橙色果子部分翻过来，刮一刮，整理一下，叶子同理。

（4）缝上叶子：沿果子边缘 0.5 厘米把叶子缝上。

（5）折痕：沿折痕折好柿蒂，左右两边向里折 0.5 厘米，中间沿中线对折。

（6）缝柿蒂：沿边缘 0.7 厘米的位置把折好的两片柿蒂缝上去。

（7）穿绳：穿上抽绳，用拉线做好平面，抽绳尾端穿上珠子。

（8）做挂绳：用牛皮绳穿入扣眼，尾端打结。

（9）填充：将香草和棉花填入果子里。

（10）调整完成：把扣子塞入香草包内，拉动平结，收紧抽绳，调整造型。

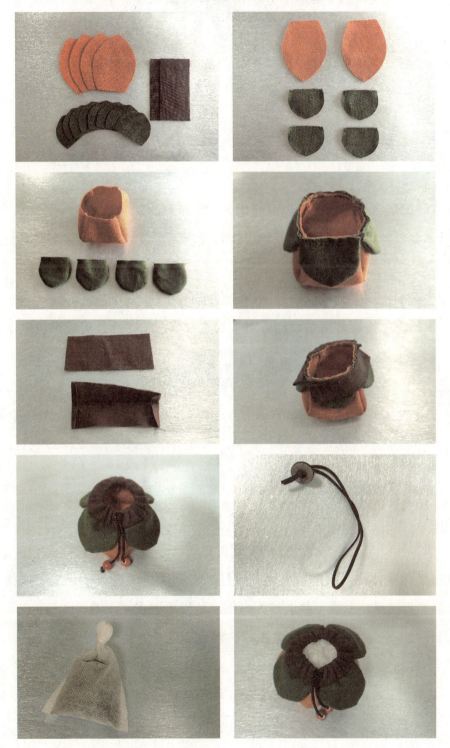

四、制作手工技法

为方便记忆，手工制作香包可简化为三个步骤。

（1）备料：挑选布料、填充物、香料及所需工具线材，剪裁布料并反折预留缝合口。

（2）缝制：用缝纫机或手针细致缝合四周，保持线迹整齐。

（3）添香：按喜好适量添加香料，如薰衣草、干花等，完成香包制作。

（1）缝制香包时，要谨慎使用针线；老年人需佩戴老视镜，防止手指受伤。

（2）薰衣草香包避免长时间贴肤，尤其对于过敏者，以免过敏。

第四单元　棉线一编是挂毯

挂毯又称壁挂，乃室内墙上之艺术佳品，其历史源远流长。编织挂毯是一种传统的手工艺，现在也被一些老年人当作一种娱乐方式来学习。

挂毯壁挂艺术珍，室内墙上展美轮。

历史悠久传承久，编织技艺代代新。

老年人学娱身心，巧手编织乐趣深。

成品精美堪欣赏，室内增添文化韵。

一、挂毯起源于艺术

挂毯是历史悠久的室内装饰，我国西北自古有挂毯习俗，用于御寒和装饰。我国最早的壁毯实物出自新疆罗布泊西汉遗址。在欧洲中世纪，挂毯不仅装饰空间，更是记录历史的重要载体。

挂毯不等于地毯上墙，而是历经传承的文化艺术。挂毯具备御寒、保暖、防潮、吸光、隔音等实用功能，更能美化环境、陶冶情感、丰富精神生活。挂毯挂于窗边或椅后，为空间增添色彩与图案，散发恒久艺术之美。

二、设计制作多样化

挂毯的制作工艺多样，有的基于地毯工艺进行修饰，有的则采用编、织、结、绕扎、串挂、网扣等多种编结手法。更有使用粗线、粗绳等软质材料钉缝的编结挂毯，以及在平面毯上增添立体装饰物的设计。现代时尚设计师们不断尝试创新，赋予挂毯更加丰富的艺术内涵与时尚风采。

本单元介绍的叶子造型挂毯，运用四股棉线编织技艺精心制作。在编织过程中，通过巧妙地重复使用雀头结、平结、斜卷结等多种常见结法，并灵活变换方向，从而编织出既有趣又充满美感的挂毯。

三、巧手施展大智慧

1. 材料工具准备

材料工具包括木棍（长 30 厘米、直径 2 厘米）、四股棉线（8 根长 210 厘米、28 根长 33 厘米）、木珠三颗、梳子、剪刀。

2. 制作步骤

（1）选择合适的起点，如从挂毯的一角或中央开始编织。

（2）选择合适的编织方法。常见的编织方法包括平纹编织、斜纹编织、网格编织等。在编织过程中，注意保持棉线的张力和方向一致，以确保挂毯的平整和美观。

（3）根据自己的需求和设计，调整挂毯的形状和长度。

（4）挂毯的基本结构编织完成后，进行截尾和固定工作，修剪掉多余的棉线。

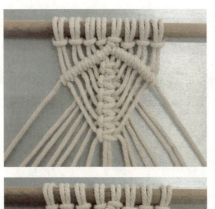
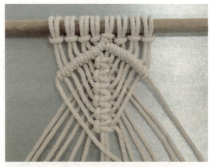

四、制作手工技法

（1）手指编织：将一根长绳绕过拇指和食指，并在两指之间穿过，再回绕到下一个指头，重复以上步骤。

（2）串珠编织：使用线穿过珠子的孔洞，然后将下一颗珠子穿过线。

挂毯制作完成后，建议安装时距离墙壁至少4厘米，以防飞虫。清洁时，请使用圆形软毛刷轻拭，以免损伤材质。

第五单元 水果网套变果树

水果网套具有一定的弹性和韧性，可以加以巧妙利用，制作成各种手工艺品。这些创新的方式不仅能减少塑料废弃物对环境的污染，还能为生活增添一份创意和乐趣。

水果网套妙手变，创意无限乐趣添。

巧手编织成果树，枝叶茂盛果儿甜。

减少污染护环境，循环利用意义显。

老年生活更精彩，创新思维永向前。

一、水果网套不要扔

相比直接扔掉，废旧水果网套经过适当处理可以焕发新生，在生活中还有别的作用，如洗碗、做隔热垫等，甚至可以用来做工艺品。

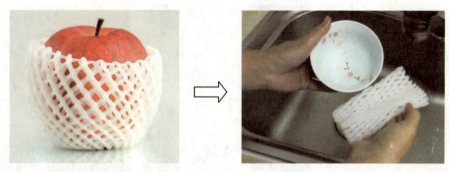

二、变废为宝重构思

废物利用的核心在于构思，巧妙地从废旧物的形状和颜色出发，深入挖掘其潜在价值，从而化腐朽为神奇。

本单元中，水果网套变身彩色的水果小圆球，挂满枝头，营造出黄澄澄的丰收景象，不仅美观有趣，更象征着丰收的喜悦和美好的生活。

三、巧手施展大智慧

1. 材料工具准备

材料工具包括细铁丝、水果网套、花艺胶带、剪刀、棉线等。

2. 制作步骤

（1）剪：将每一个水果网套都剪成三段。

（2）缠：把剪断后的水果网套裹一下，用棉线在中间缠两圈拉紧。

（3）修：用剪刀把每个缠好的水果网套修剪成圆球状。

（4）穿：细铁丝穿插在水果网套球里。

（5）缠：用花艺胶带从上到下缠绕细铁丝。

（6）组合：用花艺胶带将细铁丝和球状的水果网套拼装组合在一起。

（7）插瓶：将组合好的每一支水果网套根据自己的美感插瓶，注意高矮错落。

四、制作手工技法

（1）水果网套不要扔，可以变废为宝，剪一剪，粘一粘，做法简单又好看。

（2）除了能制作好看的花瓶插件以外，还可以将五颜六色的水果网套用剪、缠、粘、修等技法制作成好玩的各类装饰性物件。

制作时，要注意安全：一是小心细铁丝伤手；二是棉线比较细，拉紧时要注意力度，以免伤到手。

♥ 走进生活

在特殊的日子里，老年人为亲人朋友亲手制作一份礼物，不仅是对他们的关爱和祝福，更是对他们的一种情感表达。在未来的日子里，继续用双手去创造美好，用心灵去感受温情，让创意手工成为生活中一道亮丽的风景线。

项目七

茶叶品鉴·从来佳茗似佳人

中国是茶的故乡，茶文化深植于传统文化内核，追求和谐美好。茶字象征人与自然和谐共生，体现"道法自然"的真谛。茶穿越历史，跨越国界，深受全球人的喜爱。位于杭州龙八井景区内的龙井茶室内有这样一副楹联，上联是"欲把西湖比西子"，下联是"从来佳茗似佳人"。这两句经典诗句都出自宋代著名诗人苏轼。人生如茶，茶似人生。只要用心品茗，从容之可得其真味。品茗中，看悠长人生，心宁神静。回味里，天籁之音，缭绕缕缕。属于自己的那一帘幽梦，定会在某个不经意的瞬间，降临在身边。

本项目将探索中国茶叶分类与名茶，了解茶器具及其功用，掌握泡茶技巧，修习三类茶艺，学会科学饮茶。内容生动实用，富有趣味，旨在培养平和包容的心态，提升精神境界与道德修养。

 相关链接

2022 年 11 月 29 日，"中国传统制茶技艺及其相关习俗"被列入联合国教科文组织人类非遗代表作名录。至此，中国共有 43 个非遗项目列入联合国教科文组织人类非遗名录、名册，数量居全球首位。

中国传统制茶技艺及其相关习俗是有关茶园管理、茶叶采摘、茶的手工制作，以及茶的饮用和分享的知识、技艺和实践。制茶师根据当地的风土，使用炒锅、竹匾、烘笼等工具，运用杀青、闷黄、渥堆、萎凋、做青、发酵、窨制等核心技艺，发展出绿茶、黄茶、黑茶、白茶、乌龙茶、红茶六大茶类及花茶、紧压茶等再加工茶，共 2 000 多种茶品，以不同的色、香、味、形满足着民众的多种需求。

第一单元　各具千秋中国茶

华夏九州，钟灵毓秀地。东起江浙群山，西至西藏高原，北抵日照海滨，南达宝岛海南，遍布着繁多的名茶名品。这些茶叶，如同大地之子，汲取着天地的精华，凝聚着自然的韵味，呈现出一幅幅绚丽多彩的华夏茶文化画卷。

各具千秋中国茶，品类繁多韵味佳。

龙井清香溢满室，普洱醇厚暖心怀。

乌龙芬芳甘如露，白茶淡雅似仙葩。

品茗论道乐无限，茶韵飘香满天涯。

按加工及发酵程度，我国的茶分为绿茶、白茶、黄茶、乌龙茶、红茶、黑茶六大类，另有花茶、紧压茶等再加工茶。本单元精选代表性名茶，解析其品质特征，展现中国茶之多彩魅力。

一、绿茶

绿茶是我国出现最早的茶类，也是名品最多、产量最大、产区最广、历史最悠久的茶类。其代表性名茶有西湖龙井、碧螺春、竹叶青、黄山毛峰、太平猴魁、安吉白茶、恩施玉露等。

1. 西湖龙井

西湖龙井产于浙江省杭州市西湖区。其外形扁平光滑、挺直、嫩绿润，具清香、豆香或兰花豆香，汤色嫩绿明亮，滋味鲜醇甘爽。

2. 碧螺春

碧螺春源自江苏太湖的秀美洞庭山。其外形纤细，紧卷成螺，银绿隐翠，满身披毫；嫩香带花果香，汤色嫩绿鲜亮，滋味清鲜甘醇。

二、白茶

白茶以其独特的品质与风貌在茶界独树一帜。成品白茶茸毛密布，白如银雪，素有"银装素裹"之美感。其汤色浅淡，如同山间清泉，清澈透亮。其代表性名茶有白毫银针、白牡丹。

1. 白毫银针

白毫银针以色白如银、形状似针而得名。干茶外形肥壮，满披白毫，色泽银亮，内质香气清鲜，毫香浓，滋味鲜醇甘爽，汤浅杏黄色、清澈明亮。

2. 白牡丹

白牡丹茶芽叶相连，形若花朵，故得名。干茶叶色灰绿或墨绿，芽毫银白，叶背满披白毫，有"绿面白底"或"青天白地"之美称，香气清新，滋味甜爽。

三、黄茶

黄茶是我国特有的茶类，得益于其独特的闷黄工艺，最大特点就是"黄汤黄叶"。其代表性名茶有君山银针、蒙顶黄芽等。

1. 君山银针

君山银针产于湖南岳阳洞庭湖君山，形细如针，内外金黄白毫，雅称"金镶玉"。

2. 蒙顶黄芽

蒙顶黄芽原产于四川省雅安市蒙顶山，是芽形黄茶的代表、黄茶中的珍品，具有黄芽黄汤的特点，色泽嫩黄带有玉米香或竹叶香。

四、乌龙茶

乌龙茶为我国特色茶类，绿叶红边，汤色金黄，分为闽北、闽南、广东、台湾乌龙。其代表性名茶有铁观音、大红袍、凤凰单丛等。

1. 铁观音

铁观音产于福建安溪，美如观音，重似铁；外形卷曲，色泽油润砂绿；香气浓郁，汤色橙黄明亮；滋味浓厚回甘，独具音韵。

2. 大红袍

大红袍产于福建武夷山九龙窠,被誉为"茶中状元",是岩茶之王。其外形壮实,色泽深褐鲜润,香气馥郁持久,岩韵显著。

3. 凤凰单丛

凤凰单丛产于广东省潮州市,卷曲乌润,香气浓郁多样,口感甘醇;有黄枝香、蜜兰香、芝兰香、鸭屎香、杏仁香、通天香等多种香型,被誉为"茶中香水"。

五、红茶

红茶是世界上消费量最大的茶类。源于福建武夷山的小种红茶,其显著特征为红叶红汤。茶类涵盖小种红茶、功夫红茶和红碎茶,其中金骏眉、正山小种、祁门红茶等均为其代表名茶。

1. 正山小种

正山小种也称星村小种,源自星村加工制作。作为最早的红茶,它被誉为红茶鼻祖。其外形肥壮紧结,色泽乌黑油润,汤色红艳,香气浓烈,口感醇厚回甘,以松烟香、桂圆汤、琥珀色为特色。

2. 金骏眉

金骏眉源自福建武夷山桐木关，选用当地高海拔"武夷变种"鲜叶，是以正山小种工艺为基础研制的高端红茶。其条索紧细，色泽金黄黑相间，香气复合花果香，滋味醇厚甘甜，汤色金黄清澈。

3. 祁门红茶

祁门红茶产自安徽祁门县，以储叶种茶鲜叶为原料，拥有独特的"祁门香"，被誉为"红茶皇后"。其香高、味醇、形美、色艳，与世界两大高香红茶齐名。祁门红茶更有"群芳最"之美称，声誉卓著。

六、黑茶

黑茶是我国特有茶类，以其黝黑的外观得名，汤色褐黄至褐红。种类丰富，产地遍及湖南、湖北、四川、云南及广西等地。其中，普洱熟茶与广西六堡茶尤为知名。

1. 普洱熟茶

普洱熟茶产自云南澜沧江流域，历史上集中产于滇南普洱镇，因而得名。其外观肥壮重实，色泽褐红如猪肝或灰白；汤色红浓明亮，口感醇厚回甜，带有独特的陈香。

2. 广西六堡茶

广西六堡茶原产自广西苍梧县六堡乡，深受海外华侨喜爱，被视为治病良药，并有"越陈越香"之美誉。其散茶外形粗壮完整，色泽黑润；内质香气陈纯，汤色红浓，口感甘醇，并带有松木与槟榔的独特风味。

小 贴 士

全球茶叶消费以红茶为主，占比约 75%，其中红碎茶占红茶消费的九成。西欧、中东是红茶的主要消费地区。而在中国，绿茶最受欢迎，消费量占比超六成。

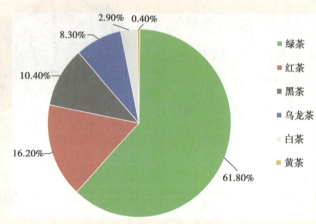

2.90%　0.40%
8.30%
10.40%
16.20%
61.80%

- ■ 绿茶
- ■ 红茶
- ■ 黑茶
- ■ 乌龙茶
- □ 白茶
- □ 黄茶

第二单元　美器雅具增茶香

陆羽《茶经》言："水乃茶之母，器为茶之父。"茶具在茶文化中占据重要地位。品茗不仅是味觉之享，更是心境与器物的和谐交融。茶具之美在于搭配得当与寓意深远，而非价格高低。本单元将详解各类茶具的名称、作用及功能。

美器雅具增茶香，玉壶瓷盏映光芒。

清泉流淌润心田，绿叶舒展舞翩跹。

轻拨茶汤赏芳华，细品香韵乐悠长。

雅致生活由此起，心境悠然共茶香。

一、茶具分类

茶具，古代亦称茶器或茗器。现代人所说的"茶具"主要指茶壶、茶杯、茶勺等饮茶器具。

1. 瓷器茶具

瓷器茶具以瓷土为胎，坚固致密，光

洁可半透明，断面不吸水，敲击声清脆，包括青瓷、白瓷、黑瓷及彩瓷茶具。

2. 紫砂茶具

紫砂茶具以陶土制成，砂质细腻，表面平整有小颗粒变化，气孔微小，传热慢，不易烫手，冷热变化不易破裂。

3. 金属茶具

金属茶具是我国古老日用器具之一。其中，金银、锡、铜等茶具尤为常见，既实用又具独特光泽。

4. 漆器茶具

漆器茶具以竹木或他物雕制而成，涂漆精美，质轻坚固，散热慢，兼具艺术价值与收藏价值，深受鉴赏家喜爱。

5. 竹木茶具

竹木茶具指由竹木精心打造，涵盖茶罐、茶则等各式器具。其中，竹编茶具更以内外合一的独特编织技艺而别具一格。

6. 玻璃茶具

玻璃茶具多为杯盘瓶盂等形制，因其透明特性，冲泡绿茶时如观云雾缭绕，茶芽挺立或浮沉有致，为品茗增添一份视觉享受。

7. 玉质茶具

玉质茶具指用玉石雕制成的饮茶用具，多制成壶、罐、杯、盏、盅、盖碗等。

8. 果壳茶具

果壳茶具采用雕琢工艺，以葫芦、椰子等硬质果壳制成，可用作水瓢、贮茶盒等，别具特色。

二、常用茶具简介

1. 茶壶

茶壶指用来泡茶的容器。茶壶种类有紫砂壶、瓷壶、玻璃壶等。

2. 壶承

壶承指用于放置茶壶的器具。可承接茶壶中可能溅出的沸水，保持茶席的整洁与雅致。

3. 盖置

盖置又名盖托，用来放置壶盖的器具，可保持茶桌的清洁和壶盖的完好，提升泡茶的整体品质和体验。

4. 盖碗

盖碗指用来冲泡茶叶的茶具，又称三才杯。三才者，天地人。盖碗既可以用作泡茶器具，泡茶后分饮，也可以当作茶杯直接使用。

5. 茶盘

茶盘指盛放茶杯等茶具的盘子，以盛接泡茶过程中流出或倒掉的茶水。

6. 茶道六君子

茶道六君子是对茶筒、茶针、茶夹、茶匙、茶则、茶漏六件泡茶器具的合称。这些器具各有其独特的功能和用法，共同构成了茶道中的基本工具组合。

（1）茶筒：用来盛放茶针、茶夹、茶匙、茶则、茶漏五件泡茶器具，方便收纳和携带。

（2）茶针：疏通茶壶，防止堵塞。

（3）茶夹：温杯需要给别人取茶杯时，夹取品茗杯。

（4）茶匙：从茶荷或茶罐中拨取茶叶。

（5）茶则：从茶罐中量取干茶。

（6）茶漏：放茶叶时放在壶口，扩大壶口面积，防止茶叶溢出。

7. 品茗杯

品茗杯指品饮茶汤的小杯，常见的有瓷杯、紫砂杯、玻璃杯等。

8. 闻香杯

闻香杯指嗅闻杯底留香的器具，与品茗杯、杯垫配套使用，为一套品饮杯组。

9. 杯垫

杯垫又名杯托，用来放置茶杯、闻香杯，防止杯底的水溅湿茶桌。

10. 随手泡

随手泡是一种煮水的用具，方便使用者随时加热煮水。

11. 公道杯

公道杯又称茶盅，用来盛放茶汤，再将茶汤均匀分倒入各杯，使茶汤浓度相同，滋味一致。

12. 水盂

水盂又称茶盂，用来贮放泡茶过程中的沸水、茶渣。

13. 茶荷

茶荷用来盛放从茶叶罐中取出的干茶。茶荷的材质多样，常见的有瓷质、竹质和木质等。

14. 滤网（架）

泡茶时，滤网放在公道杯上，用来过滤茶渣。滤网架则是和滤网搭配使用，用于放置滤网。

15. 茶巾

茶巾用来擦拭泡茶过程中茶具上的水渍、茶渍。

16. 茶叶罐

茶叶罐指储放茶叶的器具。茶叶罐的材质多样，常见的有陶瓷、紫砂、金属、玻璃等。

紫砂壶是有灵魂的，唯有爱壶人才会认真去感受和领悟。新壶初养需去除泥味和杂质，可用冷水或剩茶水浸泡，或煮沸后放冷水中重复几次，直至无异味方可泡茶。泡茶时，可用茶水淋壶助其吸收茶汤，并用湿毛巾或茶巾擦拭壶体，使其更加光亮。经常用手摩挲保养壶体，忌油污与油剂，避免产生"和尚光"。养壶需耐心，好茶相伴，方得佳壶。

第三单元　合理沏泡品真味

如何泡出一杯好茶？其实，泡茶之道并非在于花哨的姿势，而在于对茶水比例、水温、出汤时间和泡茶水质等细节的精细把控。泡茶者的心态至关重要，只有心静如水，才能将茶道之美发挥得淋漓尽致，泡出一杯真正的好茶。

　　合理沏茶细品尝，水温适中叶飘香。

　　轻拨翠叶观浮沉，慢饮清甘润心房。

　　静心品味茶中韵，闭目遐想意悠长。

　　真味自在沏泡间，细品方知韵味藏。

一、茶水比例

根据国家标准，除了乌龙茶，其余茶类均要求 3 克茶配 150 毫升水冲泡，即茶水比为 1 ： 50。乌龙茶的茶水比为 1 ： 22。

日常生活中，通常借鉴上述标准进行茶叶冲泡。同时，结合茶叶原料的老嫩程度，嫩度好、档次高的茶可适当降低茶水比，最终根据个人饮茶喜好和口味调整浓度。

二、泡茶水温

泡茶水温影响茶叶滋味释放。高水温快速浸出物质，低水温则浸出慢。茶类不同，所需水温各异。原料嫩度高者水温宜低，反之则高。绿茶原料细嫩，冲泡水温约 80 ℃，避免苦涩、失鲜。红茶原料较成熟，宜用 90~95 ℃水。黑茶、乌龙茶原料成熟度高，需沸水冲泡，尤其是紧压茶，甚至需煎煮。

三、出汤时间

出汤时间决定茶汤口感和浓淡，可依个人喜好调整。细嫩茶叶冲泡时间短，粗老茶叶则相对长。高档绿茶前三泡出汤时间逐渐延长。不同茶类冲泡次数各异，小叶种茶 3~4 次，大中叶种茶更耐泡，4~6 次甚至更多。

四、泡茶水质

好茶需配好水，水质影响茶味。历史上有名茶配名水的佳话，陆羽《茶经》推崇山水，次选江水、井水。宋徽宗也强调水质应清轻甘洁。现今，清洁山泉难寻，泡茶可选符合卫生标准的市售矿泉水、纯净水等，其中矿泉水泡茶滋味尤佳。

五、泡茶心境

泡好茶需备水、器等，泡茶人心境亦关键。舒缓音乐、焚香插花营造安谧氛围，帮助泡茶者心境平和。安静泡茶与嘈杂勾兑，茶味截然不同。

小贴士

泡茶用水选择需考虑茶叶品质与个人需求。纯净水适合普通消费者，低矿化度天然水适合追求风味的消费者，高矿化度泉水适合敏感人群。

研究表明，纯净水适合泡绿茶、黄茶，凸显本色；天然水适合泡红茶、黑茶；低矿化度水使茶汤醇厚、香气馥郁，适合泡白茶、青茶及绿茶。

第四单元　怡然自得修茶艺

茶艺作为中华文化的瑰宝，不仅仅是一种饮茶的方式，更是一种生活的艺术，一种情感的表达，一种文化的传承。茶艺包含了备器、择水、泡茶、分汤、品茗等一系列的技艺，每一个步骤都蕴含着深厚的文化内涵和哲理。

怡然自得修茶艺，静心泡茶悟禅机。

清泉流淌叶舒展，碧壶轻扬香满席。

手法娴熟沏甘露，心境平和品真味。

茶香四溢人陶醉，茶艺精湛乐无极。

一、绿茶的茶艺

生活中，冲泡绿茶宜用无色透明的玻璃杯，以便能欣赏茶叶在水中的优美姿态。通常，冲泡名优绿茶时，适宜的水温控制在 80~85 ℃，以保留茶叶的鲜嫩口感和清香风味。

二、红茶的茶艺

红茶冲泡方式多样，既可使用玻璃杯，也可选择盖碗或瓷壶。冲泡红茶时，适宜使用约 90 ℃的水温，以充分释放茶叶的香气和滋味。

三、乌龙茶的茶艺

乌龙茶品种各异，韵味独特，如武夷岩茶展现"岩韵"，铁观音散发"音韵"。冲泡乌龙茶时，水温较高，通常需95℃以上热水，以激发其香气。乌龙茶耐冲泡，即使经过5~7道冲泡，香气依然持久。

小贴士

　　茶艺活动中，注重礼节表达友好与尊重，展现良好修养。伸掌礼为常用示意礼，用于敬奉物品，要求四指并拢、手掌略凹，同时欠身点头示意。与之对应的扣手礼，是客人对主人倒茶的致谢方式，源于乾隆微服"南巡"的历史典故，代表心照不宣的敬意。这些礼节共同构成了茶文化中温文尔雅、谦逊诚挚的精神内涵。

第五单元　科学饮茶益健康

　　茶是养生佳品，不仅能清心养性，还有生津止渴、提神醒脑、清热解毒等诸多功效。然而，饮茶并非一件简单的事情，不同年龄、体质和季节都需要考虑不同的饮茶选择。本单元将从如何选茶、不同体质人群如何喝茶以及不同季节适宜饮用茶类三个方面介绍科学饮茶的方法。

> 科学饮茶益健康，清心明目精神爽。
>
> 适量品茗消疲劳，促进代谢身舒畅。
>
> 茶韵飘香心宁静，提神醒脑乐无疆。
>
> 每日一壶养生道，健康生活常相伴。

一、挑选茶叶有技巧

　　饮茶从选茶开始。选茶是一门艺术，需要综合考虑茶叶品种、外形、香气、口感、产地、品牌以及包装等多方面因素。

　　一般来说，优质的茶叶通常外形匀整，色泽明亮、条索整齐、无杂质，具有浓郁的香气，且香气持久。不同的气候和地方就决定了茶的品质和口感。一些知

名产地的茶叶往往品质上乘。无论哪种好茶，它的汤色始终都是清澈的。

二、您适合喝什么茶

茶叶根据其发酵程度和制作工艺的不同，分为寒性、凉性、中性、温性和热性五大类。每种茶性都有其独特的特点和功效。

体质偏寒的人，通常手脚冰凉、畏寒怕冷，适合饮用温性或热性的茶叶，如红茶、黑茶、普洱熟茶等。这些茶叶具有暖胃、驱寒、提高人体阳气的作用，有助于改善体质偏寒的症状。

体质偏热的人，往往面红目赤、口干舌燥，容易上火，适合饮用寒性或凉性的茶叶，如绿茶、黄茶、白茶等。这些茶叶具有清热解暑、生津止渴、降火排毒的功效，有助于缓解体质偏热所带来的不适。

此外，中性茶叶如乌龙茶、青茶等，则适合大多数人饮用。它们既不像寒性茶叶那样过于刺激，也不像温性茶叶那样过于温热，适合作为日常茶饮，既可提神醒脑，又能养生保健。

三、四季喝茶有讲究

四时变化不仅影响自然界的风物景致，更影响人体内的气血阴阳。因此，根据四季的变化调整饮茶习惯，对养生极为重要。

1. 春季喝茶

春季，万物复苏，人体阳气生发。此时饮用花茶，如茉莉花茶、玫瑰花茶等，有助于疏肝理气，调和气血，使人精神振奋，消除春困。花茶的芳香物质还能促进人体阳气生发，达到理气解郁的效果。

2. 夏季喝茶

夏季，天气炎热，人体出汗较多，容易耗伤气阴。绿茶性寒，具有清热解暑、生津止渴、消食化痰、去腻减肥的功效。此时饮用绿茶，不仅可以补充水分，还能消除暑热，对身体大有裨益。

3. 秋季喝茶

秋季，天气干燥，容易引发燥邪。乌龙茶性质平和，不寒不热，具有润肤、润喉、生津、清除体内积热的作用。秋季饮用乌龙茶，可以缓解秋燥带来的不适，同时乌龙茶中的茶多酚等物质也有助于抗氧化，保持身体健康。

4. 冬季喝茶

冬季，天气寒冷，人体阳气收藏。红茶性温，含有丰富的蛋白质和糖分，能生热暖腹，增强人体的抗寒能力。同时，红茶还能助消化、去油腻，适合冬季进补后饮用。冬季饮用红茶，可以暖胃健脾，驱寒保暖，对养生极为有益。

饮茶合于四时，是养生之要。茶界有"春饮花茶理郁气，夏饮绿茶祛暑湿，秋品乌龙解燥热，冬饮红茶暖脾胃"的养生名言。

小贴士

喝茶虽然有许多益处，但也有禁忌。一是忌空腹饮茶，建议在饭后半小时再喝茶；二是忌吃药时饮茶；三是忌饮浓茶；四是忌饮烫茶；五是忌大量饮茶；六是忌长期饮用冷茶。此外，还有一些特定人群需要注意饮茶问题：发烧忌喝茶，肝脏病人忌饮茶，神经衰弱慎饮茶，孕妇和哺乳期妇女不宜饮浓茶，溃疡病患者慎饮茶。

走进生活

中国是茶的故乡和茶文化的发源地，拥有数千年的饮茶历史。茶文化涵盖了茶道、茶德、茶精神、茶联、茶书、茶具、茶谱、茶诗、茶画、茶学、茶故事、茶艺等多个方面，反映了中华民族的文明与礼仪。茶文化的内涵其实就是中国文化的一种具体表现。中国素有礼仪之邦的称谓，茶文化的精神内涵是通过沏茶、赏茶、闻茶、饮茶、品茶等习惯与中国的文化内涵和礼仪相结合形成一种具有鲜明中国文化特征的文化现象，也可以说是一种礼节现象。

中国各地对茶的配制各具特色，如太湖的熏豆茶、福建的乌龙茶等，都受到全球茶友的喜爱。潮州功夫茶作为中国茶道的代表，被誉为"活化石"，并列入国家级和联合国教科文组织的人类非物质文化遗产名录。

项目八

美食美点·心灵手巧有口福

我国饮食文化源远流长，在物质文明日益进步的今天，面点与人们的生活息息相关。面点的饮食功能呈现出多样化，既可作为主食，又可作为调剂口味的辅食，如作为正餐的米面主食，作为早餐的早点、茶点，作为宴席配置的席点，作为旅游和调剂饮食的糕点、小吃，以及作为喜庆或节日礼物的礼品与点心等。

人间烟火味，最抚凡人心，亲手制作的美食既美味又健康。学做简单的水饺、月饼、粽子、早餐包和蛋糕等，不仅能够掌握中西面点的制作方法，还能在烹饪过程中享受到乐趣和成就感。同时，这些美食的制作也能为老年朋友们的晚年生活增添色彩和乐趣，促进身心健康。希望更多的老年朋友们能够参与进来，一起感受美食的魅力！

相关链接

陈秀英，一位享有"国宝级"面点大师美誉的传奇人物，她的面食技艺在山东青岛可谓家喻户晓。然而，这位大师并没有在退休后选择安逸的生活，反而以更加炽热的热情和无私的奉献，投身于一项崇高的事业——为聋哑人群体传授面食技艺。

年近八旬的陈秀英与好友宋元发共同创立了手语面食工坊。这不仅仅是一家普通的面食店，更是一个充满希望与梦想的温暖之所。在这里，陈秀英将自己毕生所学的面食技艺毫无保留地传授给聋哑人学员们，她不仅免费提供培训，甚至连学习材料都一并承担。在陈秀英的悉心指导下，聋哑人学员们逐渐掌握了面食制作的技艺。他们的面点作品不仅美味可口，更充满了独特的创意和情感。陈秀英的善举感动了无数人，她的面食工坊也受到了社会各界的广泛关注和赞誉。

第一单元　欢度佳节水饺乐

　　水饺，作为中华民族的传统美食，不仅仅是一种食物，更是一种文化的传承和情感的寄托。在中国民间习俗中，过年吃水饺寓意着新年吉祥和平安。据传，水饺形状酷似古代的银元宝，吃水饺的人将迎来财富和好运。此外，水饺也是团圆的象征。欢度佳节时，家人们围坐在一起包水饺，互相传递着温暖和爱意。

　　　　欢度佳节水饺乐，团圆喜庆满庭芳。

　　　　面皮包裹鲜香馅，热水翻飞腾雾茫。

　　　　欢声笑语满堂彩，亲朋围坐共品尝。

　　　　传统美食传情意，佳节共度乐无疆。

一、水饺制作工具、原料

1. 制作工具

　　（1）擀面杖：用于将面团擀成薄皮，是制作水饺不可或缺的工具。选择一根长度适中、手感舒适的擀面杖，可以让擀皮的过程更加顺畅。

　　（2）面盆：用于和面、醒面，以及盛放擀好的面皮。选择一个大小适中的面盆，既方便操作，又能确保面团的均匀发酵。

　　（3）刀具：包括菜刀和刮刀。菜刀用于切割面团和馅料；刮刀则用于刮取面盆边缘的面团，确保面团的充分利用。

　　（4）饺子模具：虽然传统的水饺制作更注重手工技巧，但饺子模具的出现也为制作过程带来了便利。使用模具可以快速、整齐地切割出大小一致的面皮。

2. 制作原料

　　（1）面粉：水饺的主要原料之一，一般选择中筋面粉或高筋面粉。这样制作出来的水饺皮更有韧性和口感。

　　（2）水：用于和面。水的用量要根据面粉的吸水性来调整，确保面团的软硬度适中。

　　（3）馅料：水饺的灵魂所在。馅料的选择多种多样，可以根据个人口味和喜好来选择。常见的馅料有猪肉、牛肉、羊肉、韭菜、白菜、鸡蛋等，还可以添加虾仁、香菇等增鲜食材。

（4）调料：用于调制馅料的味道，包括盐、酱油、料酒、葱姜末、鸡精、白胡椒粉、料酒等。适量添加调料可以提升馅料的口感和风味。

二、水饺制作操作步骤

1. 准备原料

准备好水饺的主要原料：面粉、水以及所需的馅料。

2. 揉制面团

揉制面团又称和面，将面粉倒入面盆中，逐渐加入适量的水，边加水边搅拌，直至面粉呈雪花状。然后，用手将面粉揉成光滑的面团，盖上湿布或保鲜膜，醒发约 20 分钟，让面团更加柔软有弹性。

3. 调制馅料

在面团醒发的过程中，可以开始调制馅料。将选好的肉类剁成肉末，蔬菜切碎后加入适量的调料，如盐、酱油、料酒、葱姜末等，搅拌均匀，使馅料充分入味。

4. 制作饺子皮

将醒发好的面团取出，放在案板上揉搓成长条，然后切成大小均匀的小剂子。用擀面杖将小剂子擀成中间稍厚、边缘稍薄的圆形饺子皮。

5. 包制水饺

取一张擀好的饺子皮，中间放入适量的馅料，然后将饺子皮对折，用双手的拇指和食指捏紧边缘，形成半圆形的饺子。在饺子的边缘可以捏出一些花边，增加美观度。

6. 烹饪水饺

在锅中加入适量的水，大火烧开。将包好的水饺逐个放入锅中，用锅铲轻轻推动，防止水饺粘连。待水饺全部浮起后，继续煮2~3分钟，确保水饺熟透。

7. 出锅装盘

用漏勺将煮熟的水饺捞出，轻轻抖去多余的水分，然后装盘。可以根据个人喜好加入一些调料或蘸料，如醋、辣椒油等，增添口感和风味。

通过以上七个步骤，一份美味可口的水饺就制作完成了。在欢度佳节的时刻，不妨动手尝试一下，让家人品尝到您的手艺和心意吧！

小 贴 士

> 水饺制作小技巧：选择新鲜、优质的食材，肉类的切剁要精细，以便更好地入味。调料的添加量要适中，既要突出食材的原味，又要增添口感和风味。饺子皮要薄厚均匀，馅料要充实饱满，封口要严实。在煮制过程中，为了防止水饺粘连或破皮，可以在水中加入少量盐或食用油。同时，用锅铲轻轻推动水饺，避免它们粘在一起或粘在锅底。

第二单元　中秋时节月饼圆

月饼是独具中国特色的糕点，其渊源可追溯至古代的祭月仪式，而后逐渐演化为承载传统文化的美食佳品。每逢中秋佳节，人们常以月饼馈赠亲朋好友，寄寓团圆思念之深情厚意。

中秋时节月饼圆，千家万户庆团圆。

皓月当空照九州，家家户户聚桌前。

桌上佳肴香四溢，盘中月饼味香甜。

欢声笑语传千里，幸福时光驻心田。

举杯共饮团圆酒，同赏明月话丰年。

愿得年年今夜好，花好月圆人更圆。

一、月饼制作工具和原料

1. 制作工具

（1）月饼模具：月饼模具的形状和大小决定了月饼的外观。传统月饼模具多以木质或塑料材质制成，上面刻有图案和文字，如"福""月"等吉祥字样。

（2）擀面杖与压花模：擀面杖用于将面团擀平；压花模则用于在月饼表面压制出精美的花纹，提升月饼的视觉效果。

（3）烤盘与刷子：烤盘用于放置待烤的月饼；刷子则用于在月饼表面刷上蛋液，使月饼表面呈现出诱人的金黄色泽。

（4）厨房秤：用于准确量取面粉、砂糖等原料，确保月饼的口感和品质。

2. 原料

（1）面粉与猪油：面粉是制作月饼皮的主要原料，通常选用中筋面粉或低筋面粉，以保证月饼皮的韧性和口感。猪油则用于增加月饼皮的油脂含量，使月饼口感更加滑润。

（2）砂糖与鸭蛋：砂糖用于调制月饼馅料和饼皮，为月饼提供甜味。鸭蛋则用于制作月饼蛋液，刷在月饼表面，使月饼呈现诱人的色泽。

（3）馅料：馅料是月饼的灵魂，常见的有红豆沙、莲蓉、五仁等。

（4）装饰：在月饼制作过程中，有时会使用蛋黄作为装饰，如蛋黄莲蓉月饼。

二、月饼制作步骤

1. 准备饼皮原料

准备饼皮所需的各种原料，如面粉、猪油、砂糖等，按照特定的比例将原料混合在一起。这是制作美味月饼的第一步。

2. 和面松弛备用

将准备好的饼皮材料混合均匀，和成面团。然后将面团放置在一旁，松弛一段时间，让面筋得到充分休息，这样制作出的月饼皮会更加柔软有弹性。

3. 准备月饼馅料

在面团松弛的同时，可以开始准备月饼馅料。馅料的选择多种多样，可以是红豆沙、莲蓉、五仁等，根据个人口味进行选择。将选好的馅料搅拌均匀，分成等份备用。

4. 包馅成型整形

取一块松弛好的面团，擀成圆形饼皮，然后包入准备好的馅料。注意包馅时要确保馅料均匀分布，并避免饼皮破裂。包好馅后，用手轻轻整形，使月饼的形状更加美观。

5. 放入模具压制

将整形好的月饼放入事先准备好的月饼模具中，用力压实。注意压制时要保持力度均匀，以免月饼形状不规整。压制好的月饼轻轻脱模，放在烤盘上备用。

6. 预热烤箱烘烤

烘烤前，需要提前预热烤箱至适当的温度。然后将放有月饼的烤盘放入烤箱中，按照预设的烘烤时间和温度进行烘烤。注意：在烘烤过程中，要密切观察月饼的状态，以免烤焦或烤过头。

7. 刷液再烤至金黄

当月饼烘烤至一定程度时，取出烤盘，在月饼表面刷上一层薄薄的蛋液。将刷液后的月饼放回烤箱继续烘烤，直至表面呈现金黄色泽。这一步骤能够使月饼的外观更加诱人，口感也更加酥脆。

8. 冷却密封回油

将烘烤好的月饼从烤箱中取出，放置在通风处自然冷却。待月饼完全冷却后，用密封袋或密封盒将其密封保存，让月饼在密封环境中自然回油。回油后的月饼口感会更加细腻、香甜，风味更佳。

通过以上八个步骤，美味的月饼就制作完成了。在制作过程中，需要注意每个步骤的细节和要点，确保每个环节的质量控制，以制作出高品质的月饼。同时，也要根据个人口味和喜好进行创新和调整，打造出独具特色的月饼美食。

　　烤制是月饼制作中最为关键的一步。要掌握好时间和火力，避免烤过或烤不熟。应先预热烤箱至合适温度，一般为180~200 ℃。再将月饼放入烤箱中，注意调整火力大小，避免月饼烤焦。烤制时间根据月饼大小及烤箱性能而定，一般为15~20分钟。同时，为了防止月饼皮开裂，可以在烘烤之前喷洒一些水。烤制完成后，月饼需要在室温下放置一段时间，让月饼皮和馅料充分融合，口感更佳。

第三单元　端午安康粽子黏

　　千百年来，端午食粽的风俗在我国盛行不衰，甚至流传到东亚诸国。粽子通常由糯米和各种馅料包裹在竹叶或其他植物叶子中制成，煮熟后食用。其形状多样，主要有尖角状、四角状等；由于各地风味不同，主要有甜、咸两种口味。端午节包粽子，以此祈福平安健康，既表达对先人的缅怀之情，又让口腹之欲得到满足。

端午安康庆佳节，粽子香甜黏又甜。

艾草青青挂门前，龙舟竞渡浪花溅。

雄黄美酒敬亲友，祈福平安福寿延。

家家户户团圆乐，共庆端午喜连连。

一、粽子制作工具、原料

1. 原料

　　粽子的主要原料是糯米。选择颗粒饱满、无杂质的优质糯米。粽子馅料常见的有豆沙、红枣、咸蛋黄、猪肉等。调味料包括盐、糖、五香粉、料酒等。此外，还需准备粽叶或荷叶，用于包裹粽子。

2. 工具

　　制作粽子所需的基本工具有线绳、剪刀、竹筷子。线绳用于捆绑粽子，确保粽子在煮制过程中不会散开；剪刀用于修剪粽叶或荷叶的多余部分；竹筷子则用于辅助包裹粽子，使粽子形状更加美观。

二、粽子制作步骤

1. 粽叶清洗、浸泡

将粽叶放入清水中，用手轻轻搓洗，去除表面的污垢和杂质。然后将粽叶放入清水中浸泡数小时，使其充分吸水软化，方便后续包裹粽子。

2. 糯米浸泡调味

将糯米淘洗干净后，放入清水中浸泡数小时，直至糯米充分吸水膨胀。然后，根据个人口味，可以加入适量的盐、糖、五香粉等调味料，搅拌均匀，让糯米充分吸收调味。

3. 馅料准备与调味

根据所选的馅料种类，进行相应的处理。例如，如果是豆沙馅，需要将其搅拌均匀；如果是咸蛋黄或猪肉馅，则需要进行腌制调味。

4. 粽叶包裹成型

取一片粽叶，将其折成漏斗状，底部不漏米。然后，将调好味的糯米和馅料放入粽叶中，用粽叶将米包裹紧实。注意：包裹时，要保持粽子形状美观，不要出现漏米或形状松散的情况。

5. 捆扎固定粽子

用线绳将包裹好的粽子捆扎结实，确保在蒸煮过程中不会散开。

6. 粽子下锅蒸煮

将粽子放入蒸煮笼中，加入足够的水，大火烧开后转中小火蒸煮。蒸煮时间一般为 1~2 小时。

7. 出锅冷却享用

当粽子蒸煮完成，待粽子冷却后，取出解开线绳，即可品尝美味的粽子了。

小贴士

粽叶应选用新鲜、无虫蛀的，糯米则需要提前浸泡至充分吸水膨胀。这样煮出来的粽子才会更加黏软、香味浓郁。同时，根据所选择的粽子口味，准备好相应的馅料，确保其新鲜、卫生。

包粽子时，粽叶的光滑面应朝上。这样包出来的粽子外观更美观。同时，要注意将糯米和馅料压实，不要留有空隙，以免在煮的过程中馅料松散。

煮粽子时，要选择大而深的锅，加入足够的水，确保粽子在煮的过程中不会露出水面。水开后，放入粽子，用中小火慢煮，避免火力过大导致粽子煮破。煮好的粽子要在锅中焖一段时间，使其充分熟透、口感更佳。

第四单元　健康生活早餐包

在追求健康生活的道路上，早餐包作为一种精心设计的早餐选择，专为注重健康的人群量身打造。它富含多种营养素，为身体注入源源不断的能量，完美满足新一天伊始的各项需求。

健康生活早餐包，营养均衡能量高。

便捷美味又实惠，开启新日活力潮。

精选食材用心制，健康美味双丰收。

每日一包好选择，健康生活乐逍遥。

一、早餐包制作工具、原料

1. 制作工具

制作工具主要有盆、面刀、秤、烤盘或烤模、烤箱、刷子等。

2. 制作原料

高筋面粉是早餐包的主要原料；酵母用于发酵面团；其他辅助原料包括糖、盐、黄油、牛奶等，可根据个人口味和需要进行调整。

二、早餐包制作步骤

1. 准备面团

高筋面粉中放入适量的糖等原料，水中加入适量的酵母、牛奶，混合成面团。

然后，将黄油加入面团中，继续搅拌至面团光滑有弹性。

2. 发酵

将面团放入温暖的地方进行发酵，待面团膨胀至两倍大时，即可进行下一步操作。

3. 分割和整形

将发酵好的面团分割成适当大小的小块，然后用手或工具将其整形成圆形或其他形状。

4. 二次发酵

将整形好的面团放在烤盘或烤模中，再次进行发酵，使面团进一步膨胀。

5. 烘烤

将发酵好的早餐包放入预热好的烤箱中，以适当的温度进行烘烤。烘烤过程中，注意观察早餐包的颜色变化，以免烤焦。

6. 出炉和冷却

待早餐包烤至表面金黄色、底部焦脆时，即可从烤箱中取出。将早餐包放在冷却架上，待其完全冷却后即可享用。

小贴士

发酵是早餐包制作过程中的关键环节。面团发酵的适宜温度为25~30 ℃，相对湿度为70%~80%。在发酵过程中，要注意观察面团的状态。当面团发酵至两倍大时，即可进行下一步操作。发酵时间不宜过长，以免面团发酸。

蒸制是早餐包制作的最后一步。在蒸制过程中，要注意火候的控制。一般来说，用中火蒸制15~20分钟即可。蒸制时间不宜过长，以免早餐包过熟影响口感。同时，要注意避免蒸锅内的水烧干，以免早餐包烧焦。

第五单元　美味茶点蛋糕香

蛋糕作为一种轻松惬意的点心，历来备受欢迎。其独特精细的工艺，结合上乘材料，缔造了无与伦比的口感享受。蛋糕质地柔软细腻，令人回味无穷。无论与友共聚还是独自品味，蛋糕总能带来别样的味蕾盛宴。

美味茶点蛋糕香，轻松惬意点心尝。

工艺精细无与伦，上乘材料口感扬。

柔软细腻心陶醉，回味无穷韵悠长。

友聚独品皆相宜，味蕾盛宴乐未央。

一、蛋糕制作工具、原料

1. 制作工具

制作工具包括烤箱、烤模、盆、蛋抽、胶皮刮刀、蛋糕纸杯、裱花袋。

2. 制作原料

制作原料包括低筋面粉、玉米油、鸡蛋、牛奶、细砂糖、乌龙茶粉、干桂花、柠檬汁适量。

二、蛋糕制作步骤

（1）准备食材，将蛋清蛋黄分离。

（2）将牛奶、玉米油混合，搅拌至乳化。

（3）将低筋面粉过筛后加入，用蛋抽"Z"形混合均匀。

（4）加入乌龙茶粉、干桂花，混合均匀。

（5）加入蛋黄，继续混合均匀。

（6）厨师机中加入蛋清，滴入5滴柠檬汁，用球形头搅打，将细砂糖分三次加入，打至提起球形头看到小弯钩状态。

（7）分两次将打发好的蛋清加入蛋黄糊中，搅拌均匀。

（8）将蛋糕糊装入裱花袋中，均匀地挤入纸杯中，约八分满。

（9）将蛋糕放入预热好的烤箱，设置150 ℃烘烤20分钟，转炉再烤5分钟即可。蛋糕烤好后，应立即从烤箱中取出并倒扣放置。

小 贴 士

制作蛋糕时，安全卫生放首位，食材准备要充分，器具清洁无杂质，蛋清打发要到位，搅拌手法需轻柔，烘焙温度要适宜，蛋糕出炉需倒扣，装饰简约而美观。

走进生活

中式面点，历史悠久，种类繁多，其制作技艺与中国的农耕文化紧密相连。这里介绍四种传统中式点心的做法。

1. 蘑菇包

（1）原料：100 克低筋面粉、1 克酵母、10 克糖、50 克水、适量抹茶粉、适量水、100 克豆沙。

（2）做法：

①调制发酵面，面团揉透至光滑，平均分成6 份。调制抹茶酱（抹茶粉加适量水）。

②豆沙分成6 份；面团擀皮包入馅料、收圆；刷上抹茶酱，再撒上额外的抹茶粉。

③发酵至纹路皲裂，约半小时；热水上锅蒸10 分钟。组装上蘑菇腿即可。

2. 虾饺

（1）原料：350 克澄面、150 克生粉、少许盐、少许猪油、600 克水、200 克虾仁、25 克胡萝卜丝、25 克熟肥猪肉、25 克春笋、盐、糖、胡椒粉、麻油、猪油。

（2）做法：

①虾仁下盐，用力抓至起胶；下糖、胡椒粉拌匀后，下入胡萝卜、春笋、熟肥猪肉、猪油拌匀。

②澄面、生粉各自过筛；澄面和盐拌匀下入开水烫面，然后下入生粉和匀后下入猪油和匀。

③面团搓长条切挤拍皮包馅成型，大火蒸7分钟。

3. 香糯南瓜饼

（1）原料：250克糯米粉、30克白糖、30克澄面、40克黄油、20克猪油、适量南瓜泥、适量白芝麻、适量软豆沙、适量色拉油。

（2）做法：

①将澄面烫至成熟备用。将黄油、猪油、白糖擦化，与糯米粉和澄面混合均匀，加入南瓜泥即可。

②包入豆沙馅，沾上白芝麻，180℃油温炸至成熟即可。

4. 冰镇醪糟桂花汤圆

（1）原料：70克醪糟、40克糯米粉、150克水、5克澄面、15克做汤圆用水、100克黑芝麻、10克白芝麻、20克糖、20克糖桂花、60克做汤圆用糖、适量花生酱、适量猪油。

（2）做法：

①把醪糟加水，糖煮开，倒出来冷却之后放冰箱冷藏。

②把黑芝麻和白芝麻炒熟炒香，然后用粉碎机打碎，加入糖、花生酱、猪油调成汤圆馅。

③把糯米粉加少许白糖、澄面（先用开水烫熟）、水和成面团，搓成长条，掐成多个小段。

④包汤圆，然后搓圆搓光滑。依次把汤圆做好，速度要快，防止面团变干。水开，下汤圆，大火煮开改小火煮至汤圆浮起来即可。

⑤把冰箱里的醪糟取出，放入汤圆，最后撒上糖桂花即可。

在传统节日的温馨氛围中，中式面点如春节的饺子、中秋的月饼、端午的粽子不仅仅是满足口腹之欲的美味佳肴，更是中国传统文化和节日习俗的承载体。学习制作这些面点，不仅能够锻炼手艺，更能深入探索文化的深厚底蕴，感受节日背后的历史与故事。

与此同时，西式面点如早餐面包和下午茶蛋糕则代表了西方的饮食文化，它们的制作工艺和风味展现了西餐的精致与丰富。掌握这些西式面点的制作技巧，不仅增加了烹饪技能的多样性，也使得日常生活更加多姿多彩。

在家庭聚会或节日庆典中，自制的饺子、月饼和粽子不仅令人垂涎，更拉近了家庭成员间的距离，成为传递家的味道和记忆的纽带。而西式面点，已然成为不少中国家庭的日常选择，特别受到年轻人的喜爱。

面点作为礼物，尤其在节日或特殊场合，更是承载着送礼者的深情厚谊，显示了对传统文化的尊重和珍惜。

国家政策的支持为传统食品产业的发展注入了活力，非物质文化遗产的传承得到了鼓励，包括那些节日中不可或缺的中式面点。而在食品安全与健康方面，政府加强了监管，确保消费者能够享受到安全、健康的食品。

电视和网络媒体上的美食节目不断介绍中西式面点的制作方法，为广大观众提供了学习的平台，激发了更多人在自家厨房亲手尝试制作美食的兴趣。社交媒体上，人们分享自己的面点制作经验和成果，形成了线上交流和学习社区，对面点制作的普及起到了推动作用。

总之，美味的中西式面点走进生活，不仅丰富了我们的饮食文化，提高了生活质量，也反映了社会的进步和政策的引导作用。通过各种媒体的报道和政策的支持，面点制作已成为连接传统文化与现代生活的桥梁，同时也创造了更多的就业机会和生活乐趣。

项目九

预防诈骗·守住老年钱袋子

近年来，诈骗案件频现，老年群体成重灾区。不法分子利用老年人信息闭塞、追求健康、心怀同情等特性，设计精巧骗局诱人上当。本项目针对仿冒身份、利益诱惑、网恋交友、虚假消费、钓鱼套路五大诈骗类型，结合实际案例深入剖析，揭露诈骗手法，帮助老年朋友筑牢防线。

学习完本项目后，希望广大老年朋友常怀警惕之心，不为小利所动，不听信花言巧语。谨记"免费午餐无真事，馅饼天降须警惕"，妥善守护"钱袋子"，安享幸福晚年时。

相关链接

"报案助手"是国家反诈中心 App 的一个重要功能，用户被骗后可第一时间在 App 内报案。用户可以通过这个功能在线上传涉案信息，如聊天记录、转账记录和诈骗短信等，以协助警方进行勘查和取证。此外，"报案助手"还允许用户查询案件的办理进度。这一功能确保了受害者在遭受电信网络诈骗后，能够迅速、有效地向相关部门报案，从而加速案件的侦破和处理。

第一单元　防冒充身份诈骗

从"猜猜我是谁"的电话诈骗，到假冒"我是你领导"的权威欺诈，再到声称"好友急需用钱"的紧急求助，这些诈骗套路层出不穷，让许多老年朋友在不经意间落入陷阱。不法分子精心编造各种理由和情境，利用老年人的信任和同情心，进行欺诈活动。本单元将重点关注一种常见的诈骗手段——冒充身份类诈骗，将结合具体案例进行深入剖析，揭示骗子的诈骗手法，并提供切实可行的防范建议。

老年防骗需留心，冒充身份莫轻信。

猜谜游戏不可玩，领导亲友先求证。

电话短信细甄别，转账汇款多思忖。

提高警惕防诈骗，幸福生活享安宁。

一、典型案例

某天，吴老先生午饭后接到"孙子"来电，称因打架被警方拘捕，须交保证金以脱身。对方提供收款账号，催促速汇，并告诫保密。吴老先生救孙心切，未经核实，取出养老钱一万元，匆匆赴银行汇款。工作人员询问，吴老以给朋友转钱为由遮掩。钱款汇出，吴老致电"孙子"求证，却被要求再筹两万元以消案底，仍强调保密。吴老虽困惑但为孙子着想，回家筹钱。最终与子女沟通，方知受骗。

二、骗术揭秘

诈骗分子手段狡猾，首先会不择手段地搜集受害人及其亲友的详尽信息，包括姓名、电话、社交账号，乃至照片、视频等私密资料。随后，他们便精心设计骗局，

以涉嫌犯罪、外出培训或突发疾病等虚假情况为借口，企图引起受害人的恐慌和焦虑。

更为狡猾的是，诈骗分子还会利用先进的 AI 拟声技术，将声音模拟成受害人熟悉的人的声音，打电话或以借钱为由向受害人的社交账号好友群发消息。他们深知受骗人往往防范意识薄弱，编造各种理由阻止受骗人核实信息的真伪，从而屡屡得手，达到行骗的目的。

三、防骗提醒

1. 时刻保持高度警惕

接到自称公检法人员、单位领导、亲友或师生的电话及社交邀请时，务必保持冷静，不要轻易添加对方为微信或 QQ 好友。若对方提出涉及金钱交易的要求，务必通过多种途径如见面、拨打电话等方式进行核实，以防个人信息泄露和财产损失。

2. 转账汇款务必谨慎

转账或汇款前，务必核实清楚对方的真实身份。切勿仅凭即时通信工具的信息就草率转款，而忽略见面或电话确认的环节。任何涉及资金往来的情况，都应慎之又慎。

3. 遭遇诈骗应迅速报警

一旦发现自己成为冒充熟人或其他身份诈骗的受害者，立即保留与骗子的通信记录、聊天内容以及转账凭证等关键信息，并第一时间向当地公安机关报案，以便及时止付并展开调查。

四、仿冒身份类诈骗的常见类型

1. 冒充公检法等政府机关工作人员

诈骗分子通过虚拟号码伪装成公检法等政府机关人员，谎称涉及刑事案件、身份冒用、洗黑钱或社保账户冻结等，诱导受害者将资金转入所谓的安全账户以进行诈骗。

2. 冒充电商、物流客服

主要针对网购频繁、有借贷记录或支付宝余额较多的人员。诈骗分子以快递损坏赔偿、商品缺货退款等理由，发送带有诈骗链接的短信或电话，诱导受害者点击链接并陷入骗局。

3. 冒充亲友、领导或熟人

诈骗分子通过各种渠道获取目标对象的个人信息及家人联系方式，利用骚扰电话让目标对象手机关机。然后，冒充其亲友、领导或本人，甚至使用 AI 技术和变声器伪造视频和声音，以住院、缴费、购物等理由实施诈骗。

4. 冒充支付宝、银行卡、信用卡客服

诈骗分子谎称银行卡被盗刷、涉及案件或账号异常，提供虚假的银行客服电话，诱骗受害者提供交易密码和验证码，进而盗取资金或将其转入指定账户。对于支付宝余额较多的用户，诈骗分子则常以账号异常为由，要求提供验证码以骗取资金。

5. 其他类型的冒充身份诈骗

冒充中奖客服、游戏账号收购人员、网上代考服务提供者或黑社会敲诈者等，利用受害者的贪念或恐惧心理实施诈骗。

小贴士

　　防范冒充身份类诈骗的关键在于提高警惕，不轻易相信陌生电话或信息，遇到可疑情况要及时核实，避免泄露个人信息和资金安全。

　　冒充银行电信客，欠费透支骗信多。

　　子女被勒索赎金，遇此务必细琢磨。

　　公安法院不电话，办案从无此一说。

　　绑匪身份多虚构，诱骗汇款实可恶。

　　中介放贷不轻信，专家理财须审慎。

　　诈骗手段千万种，涉及汇款皆骗术。

第二单元　防利益诱惑诈骗

　　"高回报投资""中奖""兑换积分"等，不法分子的这些诈骗套路，往往都是精心设计的。不法分子擅长利用老年朋友追求高收益、渴望中奖、贪图小利的心理设计陷阱。老年人一旦上当受骗，不仅会损失财产，还可能给生活带来极大的困扰。

　　防诈骗要心眼明，利益诱惑莫轻信。

　　高回报来藏陷阱，中奖信息须辨清。

以房养老莫贪念，知名企业防陷阱。

娱乐节目莫轻信，兑换积分应谨慎。

守好钱袋莫放松，防范诈骗享安宁。

一、典型案例

退休干部刘大爷接到某资产管理公司柴某电话，推介"以房养老"项目。刘大爷在利益吸引下加入，与两名放贷人签订房屋抵押贷款合同，获得 500 万元贷款。柴某提出将资金转入公司理财账户统一投资，随后用 POS 机提走全部款项。一个月后，刘大爷未收到养老金反遭催款，察觉被骗并报警。

二、骗术揭秘

"以房养老"的诈骗套路是怎样的？

1. 建立信任

诈骗团伙通过现金理财、养生讲座等活动接触老年人，赠送小礼物、承诺低收益，运用情感攻势赢得信任。

2. 套取信息

团伙套取老年人房产信息，并极力推介"以房养老"项目。

3. 办理抵押

老年人同意后，诈骗团伙协助办理房产抵押，资金打入老年人账户后迅速转至团伙控制账户。团伙代支付贷款利息，同时给予老年人返利。

4. 钱房两空

一旦资金链断裂，金主收不到利息会起诉老年人。若无证据证明金主与团伙共谋犯罪，老年人将面临房产被处置、钱款尽失的风险。

三、防骗提醒

怎样才能避免掉入"以房养老"的陷阱呢？

（1）投资理财要让儿女知情，特别是在涉及房产抵押、变更时，务必在专业人士协助下仔细理解合同条款，以防受骗。

（2）非急需用钱时，避免用房产进行理财。

（3）投资理财需保持理性，审慎选择项目。

（4）借款需选择正规金融机构，切勿轻信非正规公司的虚假宣传。

（5）遭遇"套路贷"或暴力催收，应立即报警，用法律保护自己，切勿因恐惧而妥协。

（6）交易过程中，要保留聊天记录、转账记录等关键证据。

四、利益诱惑类诈骗常见类型

1. 刷单返利

通过朋友圈、地推、送礼品、黄色小卡片等，引诱受害人加群兼职、做任务，轻松完成点赞、关注等任务即可获得小额金钱，待受害人投入大额金钱后不能提现进行诈骗。

2. 虚假投资理财

制作虚假的投资理财平台，通过多种渠道引诱受害人到平台进行投资。刚开始获得高额收益并且可以提现，最后不能提现，或者通过平台后台控制涨跌假装将钱全部亏空。

3. 民族资产解冻

伪造中央、部委公文，打着国家、民族旗号，虚构精准扶贫、慈善富民等项目，声称只要交少量的钱就可以领取巨额福利，诱骗老年人投资。

4. 买卖游戏装备账号

假称要购买受害人的游戏装备或者账号，诱骗受害人到指定的虚假交易平台进行交易，然后以账户资金被冻结、缴纳保证金等理由诱使受害人转账。

5. 红包返利

以明星过生日、粉丝福利等为由，称只要发红包就一倍返还，诱骗老年人进入"红包群"。开始小额红包真实返利，后续加大金额后，以联单、账户冻结、保证金等理由实施诈骗。

小 贴 士

利益诱惑类防诈口诀

网上订票很方便，网上购物很划算。

收款账户已改变，请按此号来汇款。

网上充值打五折，网上巨奖容易得。

群发短信广撒网，等的就是您打恍。

购房购车可退税，读书可以退学费。

一旦疏忽为警惕，巨额资金离您去。

劝君事事多留心，天上不会掉黄金。

此类诈骗很好防，小心就是防火墙。

第三单元　防网恋交友诈骗

不法分子常利用微信、QQ等社交软件，以虚假身份或情感与老年人建立关系，骗取信任后进行诈骗。若发现自己可能遭受诈骗，应立即报警或向相关部门求助。

老年防骗需留心，网恋交友莫轻信。

甜言蜜语藏陷阱，虚假身份难辨清。

金钱交易须谨慎，个人信息勿泄露。

提高警惕防诈骗，幸福生活乐悠悠。

一、典型案例

李大爷通过微信结识了自称单身妙龄女子的吴某某，两人建立"网恋"关系。其间，吴某某编造各种虚假理由，骗得李大爷转账总计170余万元。直到开庭审理，李大爷才发现吴某某实为年近五十的已婚大妈，所骗钱款均被其挥霍。大妈通过模仿年轻女子声音、发送照片等手段伪装自己，成功诈骗李大爷。

"杀猪盘"就是利用爱情骗局，放长线"养猪"。养得越久，杀得越狠。

二、骗术揭秘

以恋爱为名、行诈骗之实是犯罪分子的惯用手法，其"套路"往往有迹可循。

1. 打造"人设"

利用网络社交平台，抓住被害人急于求偶、消解寂寞、获得情感认同等心理，虚构编造符合被害人内心期待的"人设"，吸引防范能力较低、易于信赖犯罪分子的被害人。

2. 取得信任

通过日常聊天交往等手段"加深了解""培养感情"，与被害人建立起虚假的"恋爱"关系，并在此过程中掌握被害人的各类信息，进一步取得被害人的信任。

3. 编造谎言

在充分取得被害人信任之后，编造"生病""借款""急用""资金周转""共同投资"等理由，诱骗被害人支付钱款。

三、防骗提醒

"杀猪盘"是利用婚恋平台骗财的套路，通过伪装成多金男性或柔弱女性来引诱异性，以情为由，完美爱情，骗取信任。当然，受害者因贪图钱色而上当，自身也有一定责任。

老年男女追求爱情很正常，但需保持警惕。老年人防"恋爱脑"，预防被骗应注意：核查对方身份，警惕投资诱惑、不转账汇款、下载反诈 App；有疑问咨询专业人士；远离各类投资 App；大额财产可共同登记，银行存款预留子女电话，重要变动要求银行通知子女。

小贴士

网恋防诈骗顺口溜

网恋美女好容颜，看似温柔声音甜。

网络背后抠脚汉，一切铺垫为骗钱。

第四单元　防虚假消费诈骗

　　很多老人辛苦劳碌一辈子，攒下钱就为了养老，然而却有人盯上了他们的这笔钱。不法分子常以免费旅游、情感陪护、虚假宣传等手段，诱骗老年人购买高价或假冒伪劣产品，骗取财物。诈骗套路层出不穷，老年人需提高警惕，避免轻信免费礼品和养生讲座，谨慎购买相关产品，同时加强防范意识，以免上当受骗。

　　老人防骗记心间，虚假消费陷阱多。

　　天上不会掉馅饼，世上难寻免费餐。

　　养生讲座勿轻信，高价保健是谎言。

　　提高警惕防诈骗，幸福生活乐无边。

一、典型案例

　　【案例1】八旬李先生患糖尿病，久治不愈，控制饮食、锻炼无效，血糖依旧偏高。心急之下上网寻良方，见广告称可轻松治糖尿病，赠治疗仪，心动试之。电话咨询，自称医生者承诺三个疗程包好。李先生信以为真，七次购买保健品花去25 800元，病情未好转方知被骗。

"保健品"骗局

　　"保健品"诈骗往往瞄准老年人渴望健康的心理，前期通过各种手段了解老人的需求和身体健康状况，通过赠送米、面、鸡蛋等小礼品，陪伴聊天解闷等方式取得老年人的信任后，开始推荐产品，打着祛病强身、偏方有奇效等幌子夸大"保健品"的功效，促使老年人购买保健品实施诈骗。

【案例2】甘某等四人设立"美生之家"公司，通过派发传单、送小礼品吸引老年人听课。课中诱导老年人成为会员，后开发在线理财平台，承诺高回报、无风险，并通过发放现金分红、送保健品、组织旅游等手段骗取信任。最终，127名老年人被骗取192万余元。

二、骗术揭秘

诈骗分子瞄准老年人健康需求，夸大产品功效，诱导消费。有的商家以聊天群等平台为媒介，进行虚假营销，形式更加隐蔽。

诈骗分子常隐藏商家信息，通过快递完成交易。所收到的药品无处方，保健品无说明书，且均不开具发票。打电话咨询都是转接，由专人解答，手法神秘，不易追查。

三、防骗提醒

1. 谨慎对待多次汇款要求

在交易过程中，如果对方提出多次汇款或要达到一定金额才能退款等要求，应保持警惕，仔细核查交易的合理性，并及时向相关部门举报。

2. 核实链接和网页的真实性

进行网上交易时，务必核实对方提供的链接或网页是否真实可靠。可以通过搜索引擎或官方渠道进行验证，避免进入虚假页面导致资金损失。

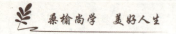
3. 坚持使用安全支付工具

在交易过程中，应坚持使用网站提供的第三方安全支付工具，确保资金的安全性和可追溯性。如果对方拒绝使用安全支付，要提高警惕，可能是诈骗行为。

4. 警惕订金陷阱

对于要求支付订金或保证金的情况，应仔细核查交易对方的信誉和资质，并尽量避免在没有充分保障的情况下支付订金。同时，要警惕对方以各种理由追加订金的行为。

5. 面对面交易需谨慎

在网上购买二手车、火车票等涉及面对面交易的场合，应格外小心。要确保与对方在安全可靠的地方进行验货或取票，并避免在未经核实的情况下向陌生人汇款。

6. 购买商品注重品质与品牌

购买商品时，应选择正规渠道和知名品牌，避免购买到假冒、劣质或低廉的山寨产品。同时，要留意商品的包装、标签和说明书等信息，确保购买到的是正品。

小贴士

有病请就医，保健咨询选正规机构，莫信网络"神医"。保健品、药品要分清，辅助治疗非替代，广告标识须看清。《中华人民共和国广告法》第十八条明确规定：保健食品广告应当显著标明"本品不能代替药物"。老年人要注意区分。

第五单元　预防钓鱼套路诈骗

不法分子常采用精心设计的手段，诱骗用户泄露个人敏感信息，进而窃取其银行资料，实施"钓鱼式"欺诈。由于这些诈骗手段层出不穷且不断翻新，用户常常在毫不知情的情况下陷入陷阱，遭受重大经济损失。

老人防骗记心间，钓鱼套路莫轻陷。

网络陷阱需警惕，个人信息勿轻传。

贪心不足易上当，诱惑面前须自敛。

多思多看多询问，安全生活乐晚年。

一、典型案例

高大爷接到陌生短信提示：其社保卡账户已过期，需要办理重新激活才能正常使用，短信内附带了一个激活链接。高大爷点开链接后，按照页面提示，填写姓名、身份证号、银行账号、手机号、银行卡密码，但没等到新的电子社保卡，却等来了银行卡被扣款的短信通知，高大爷才发现被骗。

二、骗术揭秘

不法分子网络"钓鱼"套路多：发欺诈邮件诱填账号密码，盗资金；建仿冒网站窃财务信息；电商售假商品骗货款；木马盗账号；"中奖""退税"等虚假信息诱骗汇款转账。每条钓鱼信息背后均藏有团队作案。

不法分子

建立域名和网页等
模拟网上交易平台

引诱受害者输入
账户密码等

窃取用户信息以
及资金等

当受害者按照弹窗下的步骤在页面填写完姓名、身份证号、银行卡号、密码和银行卡绑定手机号后，最后输入手机收到的验证码其实输入的是转账或取款码，受害者的财产就被骗走了。

钓鱼诈骗主要有以下四种类型。

（1）钓鱼网站：伪装成银行及电子商务网站，窃取用户提交的银行账号、密码等私密信息。

（2）钓鱼短信：以"中奖""退税""投资咨询"等名义，诱骗受骗者实施汇款、转账等操作。

（3）钓鱼二维码："扫二维码立获7折优惠""添加微信公众号即得精美礼品"，"扫一扫"的背后，常常隐藏钓鱼链接。

（4）钓鱼Wi-Fi：犯罪分子设同名Wi-Fi热点，诱使用户连接。通过软件分析，窃取用户资料，包括Wi-Fi密码、银行账户等敏感信息。

三、防骗提醒

1. 预防钓鱼网站、邮件、短信

（1）警惕邮件、短信中的网址，避免点击不明链接，以防遭遇钓鱼网站或木马病毒。同时，注意确认来电的真实性，避免被伪基站冒充。

（2）培养良好上网习惯，核对浏览器地址栏的网址，确保访问的是官方网站。

（3）严格保护网银、银行卡、身份证等敏感信息，防止泄露给未授权第三方。

（4）收到涉及财务或个人信息的邮件、短信时，保持冷静，拨打官方热线核实，避免受骗。

2. 预防钓鱼二维码

警惕街头地推的二维码赠礼活动，不要贪图小利轻易扫描。谨慎操作，以防微信钱包和网银账户资金被盗。保护个人信息安全，切勿轻信不明二维码。

四、常见的网络钓鱼作案手法

手法一：发送电子邮件，以虚假信息引诱用户中圈套。

手法二：建立假冒网站骗取用户账号密码实施盗窃。

手法三：利用虚假的电子商务进行诈骗。

手法四：利用"木马"和"黑客"技术窃取用户信息。

手法五：网址诈骗。

手法六：破解用户"弱口令"窃取资金。

手法七：手机短信诈骗。

小 贴 士

老年朋友牢记下面十条防诈要诀，能阻挡 90% 的诈骗。

（1）有人要"验证码"，别给。

（2）短信内带链接，别点。

（3）手机不显示号码，别接。

（4）问你银行卡号，不说。

（5）有些号码可以拨打验真假。

（6）钱财只能进不能出。

（7）叫出你名字的人不一定是熟人。

（8）养成核实网址、网站域名的习惯。

（9）不相信天上掉馅饼。

（10）下载"国家反诈中心"App，并开启来电预警。

💗 走进生活

《中华人民共和国刑法》第二百六十六条规定：诈骗公私财物，数额较大的，处三年以下有期徒刑、拘役或者管制，并处或者单处罚金；数额巨大或者有其他严重情节的，处三年以上十年以下有期徒刑，并处罚金；数额特别巨大或者有其他特别严重情节的，处十年以上有期徒刑或者无期徒刑，并处罚金或者没收财产。本法另有规定的，依照规定。

《最高人民法院、最高人民检察院关于办理诈骗刑事案件具体应用法律若干问题的解释》第二条规定，诈骗公私财物达到本解释第一条规定的数额标准，具有下列情形之一的，可以依照刑法第二百六十六条的规定酌情从严惩处：

（一）通过发送短信、拨打电话或者利用互联网、广播电视、报刊等发布虚假信息，对不特定多数人实施诈骗的；

（二）诈骗救灾、抢险、防汛、优抚、扶贫、移民、救济、医疗款物的；

（三）以赈灾募捐名义实施诈骗的；

（四）诈骗残疾人、老年人或者丧失劳动能力人的财物的；

（五）造成被害人自杀、精神失常或者其他严重后果的。

项目十

家居花艺·奇思妙想展才艺

一只瓶一朵花，信手拈来，都可以成为家里清新闲适的小装饰，让生活也因此变得富有趣味。学会插花，可以随时随地点缀自己居住的环境，使家庭生活增添一份美感和温馨，让人身心愉悦。

本项目介绍常见花材、花器及花语。了解插花的立意构思、花材选择、色彩搭配、造型设计，学习花材保鲜、花材固定、花材处理技巧，学会自己插花创作。

 相关链接

近年来，越来越多的人开始重视在老年群体中开展花艺体验的活动。例如，在重阳节期间，社区、福利院等开展趣味花艺制作体验活动，有的做花篮、有的做花束、有的做胸花，丰富老年人的日常生活。插花过程能够让人放松心情，花艺作品摆放家中欣赏，可以美化生活，提高老年人的生活品质。

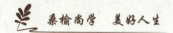

第一单元　插花基本知识

插花创作需要根据相应的环境来插制花材，最重要的一个环节就是选择和处理花材。本单元主要介绍花材的类型，花语、花卉使用场合，常用的花器等。

一、常见花材的分类

1. 线状花材

线状花材具有较长的花茎，花朵排列成一条线，如唐菖蒲、金鱼草等花材，在插花构图中常起骨架作用，构成花型的轮廓。

2. 团块状花材

团块状花材指外形呈较整齐的圆团状、块状的花材，如玫瑰、非洲菊等花材，在插花构图中常用作主花或焦点花。

3. 特殊形状花材

特殊形状花材指外形不规整，结构奇特、别致的花材，如马蹄莲、红掌等花材，在插花构图中常用作主题花材，放在焦点位置上，以吸引人的目光。

4.散状花材

散状花材指花朵细碎或叶形细小的散状花材，如满天星、黄莺等花材，在插花构图中常用作填充花叶间的空隙，以增强作品的层次感和饱满度，一般在作品创作时作为最后插入的材料。

二、常用花卉的花语及适用场合

花语的含义是"以花拟人"，把花"人格化""象征化"，花所代表的含义、表达的语言。花语，是鲜花与观赏者心灵沟通的产物。根据花材的不同花语，在相符合的场合下使用，可以强烈地抒发创作者的内心感情。

花语及适用场合

序号	花卉名称	花语及适用场合	花卉图片
1	康乃馨	康乃馨又名香石竹，花朵丰满、艳丽，花瓣层层叠叠，绵延不绝。它象征了慈祥、温馨、真挚、无价的母爱。花语：母爱，清纯的爱慕之情，浓郁的亲情，女性之爱。常在母亲节、妇女节、日常生活中使用	
2	玫瑰	玫瑰被称为"花中皇后"，在世界范围内，玫瑰是用来表达爱情的通用语言。花语：纯洁的爱，美丽的爱情，好景常在。常在情人节、日常生活中使用	
3	百合	百合蕴含纯洁、秀美的气质，是象征"纯洁爱情、甜美幸福、永恒忠贞"的名贵花卉。花语：百年好合，事业顺利，祝福。常在母亲节、妇女节时使用	

续表

序号	花卉名称	花语及适用场合	花卉图片
4	非洲菊	非洲菊又名扶郎花，妻子赠送非洲菊给丈夫，代表支持丈夫成就事业、互敬互爱共度一生之意。花语：神秘、兴奋、有毅力，美好、光明、欣欣向荣。常在婚庆或者开业时使用	
5	郁金香	郁金香一直贵为世界级名花，荷兰、伊朗、土耳其等国将其奉为国花。花语：爱的告白、真挚情感，胜利、美好。常在生日、节日、日常生活中使用	
6	马蹄莲	马蹄莲花色纯白，静立在碧绿的叶中，给人以清静、高雅、美好、幸福、喜悦的感觉。花语：博爱、圣洁、虔诚、永结同心，吉祥如意。常在婚庆、节日、日常生活中使用	
7	蝴蝶兰	蝴蝶兰的花形似彩蝶，花姿优美动人，极富装饰性，是新娘捧花中经常用到的一种花。花语：我爱你、幸福逐渐到来，忠诚、智慧、理性、美德。常在节日、日常生活中使用	
8	菊花	菊花一向被视为高洁、长寿的象征。秋风萧瑟，百花凋零的时节，唯菊花悄然独秀。菊花还可食用、药用，能使人健康长寿。花语：清静、高洁、长寿、真情。常在日常生活中使用	
9	鹤望兰	鹤望兰又名极乐鸟、天堂鸟，其花形宛若仙鹤独立、翘首远望，姿态优美，色彩不艳不娇，高雅大方。花语：热恋中的情侣、潇洒的多情公子、自由、幸福。常在乔迁之喜、日常生活中使用	
10	向日葵	向日葵是向往光明之花，给人带来美好的希望，激励人们追求光明。赠情人时宜送一枝，送一束则表示多心、轻浮虚假，制作毕业花束代表前途光明。花语：爱慕、光辉、忠诚、崇拜。常在教师节、妇女节、母亲节、日常生活中使用	

序号	花卉名称	花语及适用场合	花卉图片
11	文心兰	文心兰常被称为跳舞兰、金蝶兰等，花形细致，花色亮丽，犹如舞中天使，又似飞翔的金蝶，繁花漫舞，令人惊叹。花语：隐藏的爱、飞跃的情绪。常在日常生活中使用	
12	唐菖蒲	唐菖蒲花自下而上逐次开放，花势顺延升高，预示着生活幸福美满、天长地久、步步高升。红色表示亲密，黄色表示尊敬。花语：用心、长寿、福禄、康宁，节节上升。常在日常生活中使用	
13	银柳	从银柳花苞上闪闪发亮的绒毛看来，一个个极像"生命中的闪光"。新春时节互赠，因花苞像珍珠，表示"银圆滚滚，大吉大利"，非常讨口彩。花语：自由、无拘无束、团聚、兴旺。常在日常生活中使用	
14	勿忘我	勿忘我花开后经久不凋，有"永不变心""不凋友谊""友谊长存"的寓意。花语：永恒的爱、浓情厚谊。常在日常生活中使用，适合作干花	
15	满天星	满天星又名霞草，花朵细小，花梗细长，清秀而美丽。其纤细的花枝顶端，盛开着娇小的花朵，就像那满天的星星，闪烁光华。花语：真心喜欢、关怀。常在日常生活中使用	
16	情人草	情人草细长花枝上缀满淡青、紫兰或青白的粟状小花，紧密抱成一团，远观迷迷蒙蒙一片，象征着浪漫爱情"温馨甜蜜"。花语：永不变心、惊奇、和蔼可亲。常在日常生活中使用	
17	天门冬	天门冬叶状枝常青、下垂，红果累累，常作填充材料或衬景。宜赠男性，喻其充满阳刚之气。花语：细心、体贴人、刚毅。常在日常生活中搭配花材使用	

续表

序号	花卉名称	花语及适用场合	花卉图片
18	肾蕨	肾蕨可作捧花衬叶，祝福新人幸福美满，与康乃馨等搭配制成胸花。花语：富足、美满。常在日常生活中搭配花材使用	
19	文竹	文竹姿态优美，可作插花的配叶。婚礼用花中，文竹象征婚姻幸福甜蜜，爱情地久天长。花语：文雅、一本万利、文质彬彬、幽雅自适、柔弱有致。常在日常生活中使用	
20	富贵竹	富贵竹淡雅、清秀，经加工可产生"绿百合"的艺术效果，也可作中小型盆栽，点缀厅堂居室。花语：富贵。常在日常生活中使用	

三、常用的花器

1. 陶瓷花器

在回归大自然的潮流中，素烧陶器有它独特的魅力，它以本身的自然风情，使整个作品显得朴素典雅。

2. 塑料花器

塑料花器质地较轻盈，不容易破碎，价格便宜，且色彩丰富，造型各异，能仿制成陶瓷或金属花器的模样，近年来被很多人采用。

3. 玻璃花器

玻璃花器的魅力在于它的透明感和闪耀的光泽，较迎合时代感。但因其透明度较高，视觉上的重量感不强。

4. 竹、木、藤、草编花器

竹、木、藤、草编花器采用了自然的植物素材，乡土气息浓郁、简洁朴素、清秀自然，可以体现出乡村或原野风情，比较适合自然情趣的造型。

小 贴 士

花材选购小妙招

（1）抖花枝：轻抖花枝，无花瓣掉落，轻压花蕾，花瓣有弹力。

（2）看光泽：花材有光泽，色彩亮丽，没有变焦黄。

（3）观形态：花材花头、叶片挺括，有弹性，有生气。

（4）摸切口：花材切口呈白色或者淡绿色，如有黑褐色，有黏、滑的感觉，不宜选用。

第二单元　插花的基本理论

本单元主要介绍关于插花创作的原则，包括作品的立意构思、作品的花材选择、作品的色彩搭配、作品的造型设计等，让读者掌握插花创作的原理，可以根据不同场合、不同季节插制适合的居家花艺作品。

一、作品的立意构思

1. 根据作品用途确定主题

插花的用途有节日、装饰、礼仪等，根据用途确定插花的格调，是华丽还是清雅。喜庆插花具有一定的造型，如圆形、弯月形等。自用插花对造型要求比较弱，以瓶插花居多。

2. 根据摆放环境明确主题

明确作品摆放的位置环境的大小、气氛，位置的高低，是居中还是靠拐角处等，根据位置来选定合适的花型。居中花型是四面观花型，居角花型多为单面观花型。

3. 用花材特征和寓意体现主题

作品想表现的内容或情趣是表现植物的自然美态，还是借花寓意，抒发情怀，或是纯造型。

二、插花作品的花材选择

（1）根据季节变化来选材。例如，荷花生长在夏天，向日葵生长在秋天。春天插花不宜选用秋天的花材，夏天插花不宜选用冬天的花材。

（2）花材要与花器的气质相协调。传统的花器一般简洁、大方、稳重。因此，花材在选择时以素淡为主。

（3）根据花卉的发育状态来选择。例如，剑兰宜

采用最下端1~2朵初开状态的花序，菊花和康乃馨宜采用七成开放的花枝。

（4）根据花卉本身的自然姿态来选择。例如，水仙、百合、晚香玉等具有亭亭玉立的自然美，蜡梅枝条具有疏影横斜的苍劲之美。

三、作品的色彩搭配

1. 色彩的感情效果

色彩能够影响人的心情，不同的色彩会引起不同的心理反应。不同的民族习惯和个人爱好，不同的文化修养、性别、年龄等会对色彩产生不同的联想效果。常见的色彩情感有以下八种：

（1）红色。红色具有艳丽、热烈、富贵、兴奋之情。人们用红花来表示喜庆、吉祥。

（2）橙色。橙色是丰收之色，表示明朗、甜美、成熟和丰收。

（3）黄色。黄色有一种富丽堂皇的富贵气，象征光辉、高贵和尊严。

（4）绿色。绿色富有生机，富有春天气息，又具有健康、安详、宁静的象征意义。

（5）蓝色。蓝色有安静、深远和清新的感觉。

（6）紫色。紫色有华丽高贵的感觉，淡紫色还能使人觉得柔和、娴静。

（7）白色。白色是纯洁的象征，具有一种朴素、高雅的本质。

（8）黑色。黑色具有坚实、含蓄、庄严、肃穆的感觉。

2. 色彩的设计

一件插花作品的色彩不宜太杂，配色时不仅要考虑花材的颜色，同时还要考虑所用的花器以及周围环境的色彩和色调，只有互相协调才能产生美的视觉效果。

（1）同色系配色。利用同一色彩的深浅浓淡，按一定方向或次序组合，会形成有层次的明暗变化，产生优美的韵律感。例如，使用暗红、正红、粉红三种明暗程度不同的红色来表达喜悦之情。

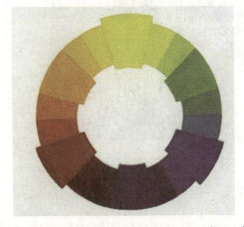

（2）近似色配色。利用色环中互相邻近的颜色来搭配，如红—橙—黄、红—红紫—紫等。这时，应选定一种色为主色，其他为陪衬，数量上不要相等，然后按色相逐渐过渡产生渐次感，或以主色为中心，其他在四周散置也能烘托出主色的效果。这样的颜色搭配具有变化性也不失统一性。近似色配色是最常用的居家插花的色彩搭配。

（3）对比色配色。对比是明暗悬殊或色相性质相反的颜色组合在一起。色环上相差 180° 的颜色称为对比色或互补色，如红与绿、黄与紫等。由于色彩相差悬殊，产生强烈和鲜明的感觉，这样的颜色搭配需要呈现主色和副色。例如，主色占比 80%，副色占比 20%，对比色配色作品更加适合色彩丰富的居家环境。

（4）补救色。黑、白、灰、金、银等色能起和谐作用，故称补救色。大部分作品中也适合使用万能百搭色——叶子的绿色。

四、作品的造型设计

插花是一门造型艺术，"型"造得是否合理、美不美是欣赏和评价插花作品的重要标准。完美的插花造型应当把握作品的比例与尺度，遵循插花的基本原则。

1. 作品的比例与尺度

一般情况下，花器大作品大，花器小作品小。根据"黄金分割"比例关系确定的尺度和比例，是最合理、最和谐、最美的。

以东方式插花构图为例，三大主枝的长度应该是：第一主枝的长度等于花器高宽的 1.5~2 倍；第二主枝的长度为第一主枝长度的 3/4；第三主枝的长度为第二主枝长度的 3/4；各主枝的补枝的长度不能高于主枝的长度。

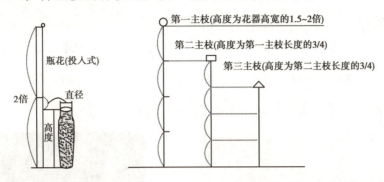

2. 作品焦点花的位置

插花创作焦点区处理十分重要，有焦点才会有凝聚力。一个作品的焦点位于各轴线的交汇处，一般在靠近花器附近 1/5~1/4 处。焦点处应用最美、最引人注目的花，以 45°~65° 向前倾斜插入，将花的顶端面向观众。

3. 插花造型的基本原则

造型就是将对作品的设计变成艺术形象的过程，也就是用根据构思选择的花器、花材、配件进行插制的过程。这一过程特别重要，如要使花材组合得体、视觉效果好，又能体现主题，就必须把握高低错落、疏密有致、上轻下重、上散下聚的原则。

（1）高低错落：指花朵和枝叶的修剪要有长有短，插出来要有高有低。一般陪衬的花叶的高度不可超过主花，深色的花插在下面，浅色的花插在上面。

（2）疏密有致：一个插花作品中的花朵、枝叶不应等距安排，应当有疏有密，疏可以使花枝尽展美姿。一般情况下，焦点处和下部位置可较密集，上部和外围可以稀疏一些。

（3）上轻下重：在插花创作过程中，为了使作品更加平稳，不至于头重脚轻、上重下轻而影响美感，一般情况下要求大花、盛开的花、深色的花、团块状花插在下面，小花、花蕾、浅色的花、穗状花插在上面。

（4）上散下聚：指插花造型时，特别是插花瓶，各花朵、枝条的插口要集中紧凑，犹如一个自然生长旺盛的植物，基部同生一根，上部疏散，多姿多态。

小 贴 士

插花艺术是美的艺术，通过各种颜色的搭配来传达喜或忧，通过枝叶与花的高低、疏密等不同的造型来升华观赏性。所以，插花最忌为造型而造型，从而忘却初心，得不到内心的安宁。

第三单元　自己插花体验实践

学会插花，可以随时随地用来点缀自己居住的环境，使家庭生活增添一份美感和温馨，使我们更加热爱生活，使花花草草再现大自然美和生活美。

一、陶瓷花器插花

陶瓷与花的结合形成了独特的东方式艺术美，花枝直立向上插入陶瓷容器中，利用具有直立性的垂直线条表现其刚劲挺拔或亭亭玉立的姿态，给人以端庄稳重的艺术美感。

（一）准备工作

从左向右依次为文殊兰、洋桔梗、非洲菊、黄莺、棕榈叶、陶瓷容器、铁丝、胶带、剑山、剪刀。

（二）插花步骤

1. 主枝造型

第一主枝文殊兰的长度为花器直径长度＋高度的 1.5~2 倍，将文殊兰插在剑山的中后方，向后偏离中垂线 10°~15°，基本呈直立状。

第二主枝文殊兰的长度为第一支文殊兰长度的 3/4 左右，插在第一支文殊兰的右前方，向右偏离中垂线 30° 左右。

第三主枝文殊兰的长度为第二支文殊兰长度的 3/4 左右，插在第一支文殊兰的左前方，向左偏离中垂线 30° 左右。

2. 定焦点花

焦点花为非洲菊，一般选花头较大的，长度约为第一支文殊兰枝长度的 1/4

左右，插在三支文殊兰的正前方，向前倾斜 45° 左右，花顶部分面向观众。

3. 填充花材

在焦点花非洲菊和主枝文殊兰的中间位置继续插入一支非洲菊，缝隙中插入洋桔梗衬托焦点花，丰满作品造型。

4. 绿叶衬托

将棕榈叶和黄莺修剪后作为陪衬，插在剑山的前方和主枝及焦点花的缝隙中，用来遮挡剑山，丰满作品造型。

二、玻璃花器插花

玻璃花器常被归类为现代花器，风格新颖，造型奇特，是最适合现代花艺创作的品类。玻璃花器结合东方倾斜型插花，作品呈现出悠闲、可爱及秀美的特质，给人以舒畅感，一般用于起居室和日常生活中。

（一）准备工作

从左向右依次为尤加利叶、百合、小雏菊、黄莺、玻璃容器、剑山、剪刀。

（二）插花步骤

1. 主枝造型

第一主枝尤加利叶的长度为花器直径长度 + 高度的 1.5~2 倍。插在剑山的中后方，偏离中垂线 30°~60°。

第二主枝尤加利叶的长度为第一支尤加利叶长度的 3/4 左右，插在第一支尤加利叶的同侧，增加主枝的层次和厚重感。

第三主枝尤加利叶的长度为第二支尤加利叶长度的 3/4 左右，插在前两支尤加利叶的对侧，偏离中垂线 30°~60°。

2. 定焦点花

焦点花为百合花，将百合花修剪后长度为第一枝尤加利叶长度的 1/4 左右，插在剑山中心偏前的位置，向前倾斜 45° 左右，底部与主枝底部形成三角形。

3. 填充花材

在焦点花百合花和主枝尤加利的中间位置继续插入一枝百合花衬托焦点花，丰满作品造型。

4. 绿叶衬托

将百合叶子及黄莺修剪后，辅助于各主枝和焦点花的周围用来填充空间，数量根据需要而定，能达到效果即可。

三、铁器花器插花

铁器花器以线条花器为主，简洁、大方，与东方平展型插花结合，花形洒脱，有强烈的动感。

（一）准备工作

从左向右依次为满天星、红豆、栀子叶、非洲菊、罗汉松、铁器花器、插花泥。

（二）插花步骤

1. 主枝造型

第一枝主枝罗汉松的长度为花器直径＋高度的 1.5~2 倍，插在花泥的左侧或右侧，偏离中垂线 60°~90°。

第二支主枝罗汉松为第一支罗汉松的 3/4 左右，插在第一支罗汉松的对侧，与垂线的夹角为 75° 左右。

2. 定焦点花

第一枝焦点花为粉色非洲菊，插在中心偏前的位置，向前倾斜 45° 左右，花头底部一般高出插花泥 1~3 厘米，花头部分面向观众。

3. 填充花材

在焦点花粉色非洲菊和罗汉松的中间位置继续插入一支粉色非洲菊衬托焦点花，丰满作品造型。

4. 绿叶衬托

将修剪后的枝叶如栀子花叶、红豆、罗汉松等插在主枝和焦点花的缝隙中，目的是遮挡花泥，丰满作品造型。

四、塑料花器插花

塑料花器是一种亲民的花器，结合东方下垂型插花，先立而后斜出，花型平和、舒适有满足感。

（一）准备工作

从左向右依次为金边吊兰、孔雀草、肾蕨、非洲菊、海桐球、塑料花器、插花泥、剪刀。

（二）插花步骤

1. 主枝造型

第一主枝金边吊兰的长度为花器直径长度 + 高度的 1.5~2 倍，将金边吊兰由上到下弯曲在平行线以下 30°~70°，插在插花泥的一侧。

第二主枝金边吊兰的长度为第一枝主枝长度的 3/4 左右，与垂直线的夹角 75° 左右，将第二枝金边吊兰插在第一枝金边吊兰的对侧。

2. 定焦点花

焦点花为非洲菊，一般选花形好看、花头较大的为第一支，长度为第一支金边吊兰长度的 1/4 左右，插在花泥中心偏前的位置，向下倾斜 45° 左右，花顶部分面向观众。

3. 填充花材

在焦点花非洲菊和金边吊兰的中间位置继续插入一枝非洲菊及小花来衬托焦点花，丰满作品造型。

4. 绿叶衬托

肾蕨、海桐球等叶子修剪后，高度不要遮挡焦点花，插在各主枝的周围用来填充空间，数量根据需要而定，能达到效果即可。

小贴士

趣味插花以自然式为主。在艺术手法上，以装饰美反映自然美，即按照植物生长的自然姿态，通过曲、直线条的组合，表现诗情画意，源于自然而又高于自然。各种花木虽然经过剪裁加工和艺术装饰，仍不失其自然风姿。

第四单元　插花作品的应用

学会插花，可以随时随地用来点缀自己居住的环境，使家庭生活增添一份美感和温馨，使我们更加热爱生活，使花花草草再现大自然美和生活美。

一、花艺能美化家居环境

1. 餐厅——衬托美食让人开胃

餐厅是全家人天天团聚、进餐的重要场所，更是一个交流的地方。花艺的色彩应与餐桌上的美味及桌布协调。无论是温暖的黄色调、充满生机的绿色调，还是温馨浪漫的粉色调，都很适合餐桌，可以营造出浪漫、有情致的用餐环境。花材可选择暖色调的花材，如玫瑰、洋桔梗、向日葵等。

2. 书房——沉静祥和让人沉淀

书房较狭窄，不宜选体积过大的品种，以免产生拥挤压抑的感觉。在布置时，宜采用"点状装饰法"，即在适当的地方摆置精致小巧的花瓶，起到点缀、强化的装饰效果。书房的花艺布置得体，家人散坐，其乐融融。面积较宽的书房则可选择体积较大的品种。

3. 卧室——和谐安详抚慰心灵

卧室，不仅是用来休息的，更是我们思考和抚慰心灵的地方，插花花艺作品数量不宜太多，否则会让人感到烦躁。在布置卧室花艺时，应考虑色彩协调，与家具大小对比恰当，与主人年龄相匹配，与地板颜色要相互搭配。

4. 卫浴——让每个角落都是一种美

在卫生间的角落里，选择几款落地的铁艺花架，或在窗台上摆上几盆插花，不仅让人赏心悦目，更能凸显出主人的生活情趣。

二、花艺能丰富人们生活

1. 祝贺开业乔迁

祝贺开业或乔迁宜选用鲜花或观叶植物，鲜花可以美化环境增加气氛，观叶植物可用于净化室内空气。

2. 探友送花

探友送花宜选用颜色淡雅、香味较淡的花。若是百合类的花，宜事先将花粉摘除，以免花粉散落，引起朋友过敏或不良反应。送花给长期身体不佳的人，不宜送盆景（耐久），避免让人误会不希望他早日康复。

3. 朋友情人送花

情人节不需要送贵重的礼物，只要一束示爱的玫瑰花、郁金香、香水百合。在这一天，哪怕是小一点的花束，也能让人十分愉悦。

4. 送花给长辈

送花给个性保守的长辈要避免选用黄色或白色的花，尤其整株都是白的或黄的花。送盆景给老人家，不宜送那种易凋谢的，最好送兰花、万年青、常春藤等。

5. 送花要投其所好、避其所恶

平日多观察朋友最喜欢什么花和什么颜色的花，最讨厌什么花和什么颜色的花，如此方能投其所好、避其所恶。母亲节除了康乃馨外，玫瑰、百合亦是不错的选择。

6. 切忌送四枝花给别人

在我国，喜庆活动中送花要送双数，意思是"好事成双"。在丧葬上要送单数花，表示"祸不单行"。送四枝花给别人，必然不受欢迎，因为"四"的发音和"死"相近。

小贴士

家庭摆放花卉注意事项

（1）有浓烈花香。有浓烈花香的花朵，如百合、紫罗兰、夜来香、茉莉等，最好不要放在卧室，长此以往，可能会对睡眠产生影响；但可以放在洗手间、厨房等地，充当空气清新剂是再好不过了。

（2）有轻微毒性。有些花的汁液带有轻微的毒性，如朱顶红、水仙、茉莉、郁金香……如果手上有伤口，可能会感染，所以要时刻小心。

走进生活

　　学会插花，可以时常与花作伴，以花为友，不仅给人带来大自然的美感，而且丰富情感空间。插花作品多姿多彩，制作过程中作者倾注了自己的思想和情感。通过鲜花这小巧生灵的凋零易逝，使人在更深层的意义上感悟到人生的短暂与光阴的无情流逝，从而萌生怜花、惜花更护花的情怀，也激发和培养了人们珍惜生活、热爱生命、善待大自然和人类自身生存环境的高尚情操。

参考文献
REFERENCE

［1］朱迎迎 . 花卉装饰技术［M］. 北京：高等教育出版社，2005.

［2］谢利娟 . 插花与花艺设计［M］. 3 版 . 北京：中国农业出版社，2019.

［3］李天容，林安全 . 插花与花艺设计［M］. 北京：北京理工大学出版社，2021.

［4］重庆市成人教育丛书编委会 . 家庭插花艺术［M］. 重庆：重庆大学出版社，
2021.

［5］李天容，丁建庆 . 插花艺术［M］. 北京：科学出版社，2014.